U0088340

扭轉命運

改變人生只要做對這32件事

Live A Differen Lif
32 Things To Do

讀品文化

簡勝文 編著

永續圖書線上購物網
讀品文化事業有限公司
WWW.foreverbooks.com.tw
yungjiuh@ms45.hinet.net

思想系列 52

扭轉命運：改變人生，只要做對這32件事

編　　著　簡勝文
出 版 者　讀品文化事業有限公司
執行編輯　林美娟
美術編輯　蕭若辰

總 經 銷　永續圖書有限公司
TEL／(02) 86473663
FAX／(02) 86473660
劃撥帳號　18669219
地　　址　22103　新北市汐止區大同路三段 194 號 9 樓之 1
TEL／(02) 86473663
FAX／(02) 86473660
出 版 日　2014年12月

法律顧問　方圓法律事務所　涂成樞律師
CVS代理　美璟文化有限公司
TEL／(02) 27239968
FAX／(02) 27239668

國家圖書館出版品預行編目資料

扭轉命運：改變人生,只要做對這32件事 /
簡勝文編著. -- 初版. -- 新北市：讀品文化,
民103.12　面；　公分. -- (思想系列；52)
ISBN 978-986-5808-79-2(平裝)
1.修身 2.生活指導
192.1　　103020502

前言

PREFACE

社會發展的速度很快，誘惑隨之增多，很多人在誘惑面前停下了自己的腳步。面對層出不窮的誘惑，很多人忘記了自己的方向，在漩渦中糾纏不止，平庸一生。

有人寫過這樣一首小詩：「不捨棄鮮花的絢麗，就得不到果實的香甜；

不捨棄黑夜的溫馨，就得不到朝日的明豔。」

自然界是這樣，人生也是這樣，在幾十年的漫漫旅途中，有山有水，有風有雨，有捨棄「絢麗」和「溫馨」的煩惱，也有獲得「香甜」和「明豔」喜悅，人生就是在捨棄和獲得的交替中得到昇華，從而到達高層次的大境界。從這個意義上來說，獲得很美麗，捨棄也很美麗。

在拉斐爾十一歲那年，一有機會他便去湖心島釣魚。在鱸魚釣獵開禁前的一天傍晚，他和媽媽早早又來釣魚。安好誘餌後，他將漁線一次次甩向湖心，湖水在落日餘暉下泛起一圈圈的漣漪。

忽然釣竿的另一頭沉重起來。他知道一定有大傢伙上鉤，急忙收起漁線。終於，孩子小心翼翼地把一條竭力掙扎的魚拉出水面。好大的魚啊！它是一條鱸魚。

月光下，魚鰓一吐一納地翕動著。媽媽打亮小電筒看看錶，已是晚上十點——但距允許釣獵鱸魚的時間還差兩個小時。

「你得把它放回去，兒子。」母親說。

「媽媽！」孩子哭了。

「還會有別的魚的。」母親安慰他。

「再沒有這麼大的魚了。」孩子傷感不已。

他環視了四周，已看不到一個魚艇或釣魚的人，但他從母親堅決的臉上知道無可更改。暗夜中，那鱸魚抖動笨大的身軀慢慢游向湖水深處，漸漸消失了。

這是很多年前的事了，後來拉斐爾成為紐約市著名的建築師了。他確實沒再釣到那麼大的魚，但他為此終身感謝母親。因為他透過自己的誠實、勤奮、守法，獵取到生活中的大魚——事業上成績斐然。

拉斐爾捨棄了肥美的鱸魚，卻收穫了做人的道理，最終做出了一番事業。人生的「口袋」只能裝載一定的重量，人的前進行程就是一個不斷捨棄的過程。沒有捨棄，你就可能被包袱壓「死」在前進的途中。

人生需要選擇，也需要放棄，選擇與放棄是成功的兩個不可缺少的條件。選擇是人生成功路上的航標，只有量力而行的睿智選擇才會擁有更輝煌的成功，放棄是智者面對生活的明智選擇，只有懂得適時放棄的人才會事事如魚得水。

放棄，是一種智慧，是一種豁達，它不盲目，不狹隘。放棄，對心境是一種寬鬆，對心靈是一種滋潤，它驅散了烏雲，它清掃了心房。有了它，人生才能有爽朗坦然的心境；有了它，生活才會陽光燦爛。

一九九八年的諾貝爾獎得主崔琦，在有些人眼裡簡直是「怪人」：遠離政治，從不拋頭露面，整日浸泡在書本中和實驗室內，甚至在諾貝爾獎桂冠加頂的當天，他還如常地到實驗室工作。更令人難以置信的是，在美國高科技研究的頂尖領域，崔琦居然是一個道道地地的「電腦盲」。他研究中的儀器設計、圖表製作，全靠他一筆一畫完成，即使發電子郵件，也都請祕書代勞。他的理論是：這世界變化太快了，我沒有時間去追趕！

崔琦放棄了世人眼裡炫目的東西，爲自己贏得了大量寶貴的時間，也贏得了至高無上的榮譽。人的一生很短暫，有限的精力使人不可能各方面都顧及，而世界上又有那麼多炫目的精彩，這時候，放棄就成了一種大智慧。放棄其實是爲了得到，只要能得到你想得到的，放棄一些對你而言並不是必需的「精彩」，又有什麼不可以呢？貪婪是大多數人的毛病，有時候只抓住自己想要的東西不放，就會給自己帶來壓力、痛苦、焦慮和不安。往往什麼都不願放棄的人，結果卻什麼也沒有得到。

捨棄是一種睿智。儘管你的精力過人、志向遠大，但時間不容許你在一定時間內同時完成許多事情，正所謂「心有餘而力不足」。所以，在眾多的目標中，我們必須依據現實，有所放棄，有所選擇。如果在放棄之後，煩亂的思緒梳理得更加分明，模糊的目標變得更加清晰，搖擺的心變得更加堅定，那麼放棄又有什麼不好呢？在生活中，總有很多的無奈需要我們去面對，總有很多的道路需要我們去選擇。放棄一些原本不應該屬於自己的，去把握和珍惜真正屬於自己的，去追尋前方更加美好的！放棄一些繁瑣，爲了輕便地前行；放棄一絲悵惘，爲了輕快地歌唱；放棄一段淒美，爲了輕鬆地夢想。放棄，是一種傷感，但更是一種美麗。

能夠捨棄是一種超越，睿智的人都懂得該放棄時就放棄。不吐故就無法納新，看似艱難的取捨，可以讓我們走出人生的迷途，可以改變我們的命運。敢於放棄，在落淚之前悄然離去，只留下一個簡單的背影；敢於放棄，將昨天埋在心底，只留下一份美好的回憶。當你能夠捨棄一些東西，做到簡單從容的時候，你生命的低谷就已經過去。生活中有時需要我們做出選擇，但什麼才是最難捨棄的，是一種道義，還是一段感情？爲什麼不能拋開和犧牲一些東西，而去獲得另一些永恆呢？

目錄
CONTENTS

存心捨棄，會有加倍的獲得

放棄並不完全代表著失敗和氣餒，明智的放棄是為了得到。有時，選擇了放棄，便選擇了成功和獲得。

放棄是智者面對生活的明智選擇，是一種量力而行的睿智，更是一種顧全大局的果敢。它不盲目、不狹隘，它對心靈來說是一種寬鬆、一種滋潤，它清掃了心房。

有位哲人說：「人生有兩苦，一是得不到之苦；二是鍾情之苦。」有很多事，既然在劫難逃，那麼就勇敢面對。要知道，更多時候放下也是一種選擇，失去也是一種獲得。

一九七六年，邁克萊恩隨英國探險隊成功登上珠穆朗瑪峰。而在下山的路上，卻遇上了狂風大雪。每行一步都極其艱難，最讓他們害怕的是，風雪根本就沒有停下的跡象。他們的食品已爲數不多，如果停下來紮營休息，他們很可能在沒有下山之前，就會被餓死；如果繼續前行，大部分路標早已被大雪覆蓋，而且，每個隊員身上所帶的增氧設備及行李，會壓得他們喘不過氣來，他們不餓死，也會因疲勞而倒下。

在整個探險隊陷入迷茫的時候，邁克萊恩率先丟棄所有的隨身裝備，只留下不多的食品，輕裝前行。

他這一舉動幾乎遭到所有隊員的反對，邁克萊恩很堅定地告訴他們：「我們必須而且只能這樣做，這樣的雪山天氣十天半個月都可能不會好轉，再拖延下去，路標也會被全部掩埋，丟掉重物，就不允許我們再有任何幻想和雜念，只要我們堅定信心，徒手而行，就可以提高行走速度，也許這樣我們還有生存的希望！」

最終隊員們採納了他的意見，一路上相互鼓勵，忍受疲勞和寒冷，不分晝夜前行，結果只用了八天時間，就到達了安全地帶。而惡劣的天氣，正像他所預料的那樣，那段時間一直未曾好轉過。

若干年後，倫敦英國國家軍事博物館的工作人員找到邁克萊恩，請求他贈送任何一件與英國探險隊當年登上珠穆朗瑪峰有關的物品，不料收到的卻是萊恩因凍壞而被截下的十個腳趾和五個指尖。當年的一次正確選擇，挽救了所有隊員的生命；也是由於這個選擇，他們的登山裝備無一保存下來，而凍壞的指尖和腳趾，卻在醫院截掉後，留在了身邊。

探險隊失去了腳趾，卻留下寶貴的生命。其實失去和獲得互爲依存，失去青春獲得成熟和人生經驗，失去玩的時間獲得辛勤工作的報酬，失去高薪職位卻獲得渴望過的休閒時刻。失去了某種東西，必然會在其他地方有所獲得。

生活裡，如果我們只想到獲得，而不想捨棄，那麼我們可能失去更多。有時候，我們主動捨棄，反而會得到更多。

第二次世界大戰的硝煙剛剛散盡時，以美英法爲首的戰勝國們幾經磋商，決定在美國紐約成立一個協調處理世界事務的聯合國。一切準備就緒後大家才發現，竟沒有建辦公大樓的土地。聽到這一消息後，美國著名的家族財團洛克菲勒家族經商議，便馬上果斷出資八百七十萬美元，在紐約買下一塊地皮，將它無條件地贈送給聯合國。同時，洛克菲勒家族亦將毗連這塊地皮的大面積地皮全部買下。

這條消息傳出後，美國許多財團主和地產商都紛紛嘲笑說，洛克菲勒家族簡直是把錢當成一文不值的白紙白送。但出人意料的是，聯合國大樓剛剛建成，毗鄰它四周的地價便立刻飆升，相當於捐贈款數十倍、近百倍的巨額財富源源不斷地湧進了洛克菲勒家族財團。這讓當初那些嘲笑他們的人追悔莫及。

俄國偉大詩人普希金在一首詩中寫道：「一切都是暫時，一切都會消逝；讓失去的變爲可愛的。」

學會習慣於失去，往往能以從失去中獲得。

要捨得放下，要以平衡的心態對待失去，人生這枚硬幣，其反面正是那悖論的另一要旨：我們必須接受「失去」，學會放下。對善於享受簡單和快樂的人來說，人生的好心態只在於取捨得當。

生活中，有很多無奈。放棄一些，你才能把握和珍惜真正屬於自己的美好的！放棄煩瑣，輕便前行；放棄悵惘，輕快歌唱。貪圖別人財富的人，必將在獲得的同時付出更多的代價；而主動捨棄的人，卻可能得到上蒼加倍的饋贈。

得不到的並非總是好的

生活中有一種痛苦叫得不到。

人生中一些極美、極珍貴的東西，常常與我們失之交臂，這時的我們總會因為錯過美好而感到遺憾和痛苦。其實喜歡一樣東西不一定非要得到它，俗話說：「得不到的東西永遠是最好的。」

當你為一份美好而心醉時，遠遠地欣賞它或許是最明智的選擇。

放下得不到的人或事是一種覺悟。人生每一個岔口的選擇其實沒有真正的好與壞，只要把人生看成是自己獨一無二的創作，就不會頻頻回首。人生只售單程票，過去的就過去了，更重要的是走好後面的路。生活中原本是有許多快樂的，何必去糾結那些已經過去的閒愁思緒。要知道，得不到的並非總是好的，把握現在的幸福，才是人生的大智慧。

從前，有一座圓音寺，每天都有許多人上香拜佛，香火很旺。在圓音寺廟前的橫樑上有個蜘蛛結了張網，由於每天都受到香火和虔誠的祭拜的薰陶，蜘蛛便有了佛性。經過了一千多年的修煉，蜘蛛佛性增加了不少。

忽然有一天，佛祖光臨了圓音寺，看見這裡香火甚旺，十分高興。離開寺廟的時候不經意間看見了橫樑上的蜘蛛。

佛祖停下來，問那隻蜘蛛：「你我相見總算是有緣，我來問你個問題，看你修煉了這一千多年來有什麼真知灼見，怎麼樣？」

蜘蛛遇見佛祖很高興，連忙答應了。

佛祖問道：「世間什麼才是最珍貴的？」蜘蛛想了想，回答道：「世間最珍貴的是『得不到』和『已失去』。」

佛祖點了點頭，離開了。

蜘蛛依舊在圓音寺的橫樑上修煉。

有一天，刮起了大風，風將一滴甘露吹到了蜘蛛網上。蜘蛛望著甘露，見它晶瑩透亮，很漂亮，頓生喜愛之意。蜘蛛看著甘露，它覺得這是它最開心的幾天。突然，又刮起了一陣大風，將甘露吹走了，蜘蛛很難過。

這時佛祖又來了，問蜘蛛：「蜘蛛，世間什麼才是最珍貴的？」

蜘蛛想到了甘露，對佛祖說：「世間最珍貴的是『得不到』和『已失去』。」

佛祖說：「好，既然你有這樣的認識，我讓你到人間走一遭吧。」

蜘蛛投胎到了一個官宦家庭，成了一個富家小姐，父母爲她取了個名字叫蛛兒。一晃眼，蛛兒到十六歲了，出落成了個楚楚動人的少女。

這一日，新科狀元郎甘鹿中士，皇帝決定在後花園爲他舉行慶功宴席。宴席上來了許多妙齡少女，包括蛛兒，還有皇帝的小公主長風公主。狀元郎在席間表演詩詞歌賦，大獻才藝，在場的少女無一不被他傾倒。但蛛兒一點也不緊張和吃醋，因爲她知道，這是佛祖賜予她的姻緣。

過了些日子，蛛兒陪同母親上香拜佛的時候，正好甘鹿也陪同母親而來。上完香拜過佛，二位長輩在一邊說上了話。蛛兒和甘鹿便來到走廊上聊天，蛛兒很開心，終於可以和喜歡的人在一起了，但是甘鹿並沒有表現出對她的喜愛。

蛛兒對甘鹿說：「你難道不曾記得十六年前圓音寺蜘蛛網上的事情了嗎？」

甘鹿很詫異，說：「蛛兒姑娘，妳漂亮，也很討人喜歡，但妳的想像力未免豐富了一點吧。」

說罷便和母親離開了。

幾天後，皇帝下詔，命新科狀元甘鹿和長風公主完婚；蛛兒和太子芝草完婚。這一消息對蛛兒如同晴天霹靂，她怎麼也想不通，佛祖竟然這樣對她。幾日來，她不吃不喝，窮究極思，生命危在旦夕。

太子芝草知道了，急忙趕來，撲倒在床邊，對奄奄一息的蛛兒說道：「那日，在後花園眾姑娘中，我對你一見鍾情，我苦求父皇，他才答應。如果妳死了，那麼我也就不活了。」

說著就拿起了寶劍準備自刎。

這時，佛祖來了，他對快要出殼的蛛兒靈魂說：「蜘蛛，你可曾想過，甘露（甘鹿）是風（長風公主）帶來的，最後也是風將它帶走的。甘鹿是屬於長風公主的，他對你不過是生命中的一段插曲。而太子芝草是當年圓音寺門前的一棵小草，他看了你三千年，愛慕了你三千年，但你從沒有低下頭看過它。蜘蛛，我再問你，世間什麼才是最珍貴的？」

蜘蛛一下子大徹大悟，她對佛祖說：「世間最珍貴的不是『得不到』和『已失去』，而是現在能把握的幸福。」

剛說完，佛祖就離開了，蛛兒的靈魂也回位了，她睜開眼睛，看到正要自刎的太子芝草，她馬上打落寶劍，和太子深情地抱在了一起……

「得不到的總是最好的」，這是我們通常的想法。如果我們不能得到自己想要的，就會不停地去想它，並且保持一種不滿足感。如果我們得到了我們想要的，僅僅會在新的環境中再次滋生同樣的想法。因此，儘管得到了我們想要的，我們仍舊不高興。當我們充滿新的欲望時，並不是幸福的。

有人向佛請教：「如何讓人們的心不再感到孤單？」

佛說：「每一顆心生來就是孤單而殘缺的，多數帶著這種殘缺度過一生，只因與能使它圓滿的另一半相遇時，不是疏忽錯過就是已失去擁有它的資格。」

許多時候，人們往往對自己的幸福熟視無睹，而覺得得不到的東西卻很耀眼。想不到，那些得不到的東西也許對自己不適合；更想不到，「得不到」也許正是自己的墳墓。

許多的心情，可能只有經歷過後才會懂得，如感情，痛過了後才會懂得如何保護自己，傻過了後才會懂得適時的堅持與放棄。在得到與失去的過程中，我們慢慢地認識自己，其實生活並不需要這麼些無謂的執著，沒有什麼比現在擁有的更值得珍惜！

要知道，得不到的並非總是最好的，因此不要為得不到而惋惜。花朵雖美，但畢竟有凋謝的一天，請不要再對花長歎了。因為可能在接下來的時間裡，你將收穫雨滴的溫馨和細雨的浪漫。

給予和付出是最大的滿足

懂得給予，就永遠有可給予；貪求索取，就永遠有要索取。給予越多，收穫也越多；索取越多，收穫就越少。沒有付出，幸福也沒有辦法流進你的生活。

俗語說：「贈人玫瑰，手留餘香。」一個樂於給予的人，受人歡迎。反之，不懂得給予的人，一舉一動都會招致別人的反感。學會付出是美好人性的表現，同時也是一種處世智慧和快樂之道。

星雲大師佛法造詣身後，不少人慕名前來拜訪。一天，一位有錢人向大師訴苦道：「我出生富庶，父母留給我的錢幾輩子也花不完，爲什麼我卻感覺不到絲毫幸福？」

星雲大師問：「你的錢都用在哪裡去？」

富人說：「投資，擴大我的事業。」

星雲大師問道：「僅僅是這樣嗎？」

富人點了點頭說：「是的。」

星雲大師笑著說：「佛經上有一個故事，講的是有兩個準備轉生投胎的人被召集到佛祖面前，佛祖說：『你們當中有一個人是要做一個索取的人，而另一個人是做一個給予的人，你們願意如何選擇？』第一個人想到索取可以坐享其成，非常舒服。於是他搶著說要過索取的人生。另一個人也沒有別的選擇，於是只好做一個給予的人。佛祖滿足了兩人的選擇。第一個來生做了一個乞丐，整天索取，接受別人的施捨；第二個人則成爲大富翁，佈施行善，給予他人。第一個人常常因爲索取時遭到拒絕困惑，每一次在乞討時總是面臨著難以言狀的壓力。第二個人則在佈施行善時，感覺無比的幸福。」

學會給予，就給自己一個好人緣和和睦的生活及工作環境。我們得到的遠比分享的多得多。學會給予和付出，你會感受到不求獲得的快樂。善良的「因果報應」是心存感激的受惠者對施惠者的一種報答。

面對生活中的得失，我們的目光不要太短淺，心胸不要太狹窄。幫助別人，就是幫助自己，而我們爲別人付出的時候，本身就體驗到了生命的快樂和富足。學會分享其實是一項大智若愚的「長遠投資」，有利於提升我們的形象，改善我們的生存環境，更有利於我們在這個人情味十足的社會中立足與發展。一個人給別人的幫助和鼓勵越多，從別人那兒得到的收穫也越多。

給予的力量一直感動著我們的心靈，心靈浸潤其中，不由得會習得一種溫情的通透，而原本覆蓋著的蒙塵也隨之被洗滌得沒有了影蹤。敞開心扉愛他人，讓愛心像玫瑰花兒一樣散發芬芳。

一個男子坐在一堆金子上，伸出雙手，向每一個過路人乞討著什麼。

呂洞賓走了過來，男子向他伸出雙手。

「你已經擁有了那麼多的金子，難道你還要乞求什麼嗎？」呂洞賓問。

「唉！雖然我擁有如此多的金子，但是我仍然不幸福，我乞求更多的金子，我還乞求愛情、榮譽、成功。」男子說。

呂洞賓從口袋裡掏出他需要的愛情、榮譽和成功，送給了他。

一個月後，呂洞賓又從這裡經過，那男子仍然坐在一堆黃金上，向路人伸著雙手。

「你所求的都已經有了，難道你還不滿足嗎？」

「唉！雖然我得到了那麼多東西，但是我還是不滿足，我還需要快樂和刺激。」男子說。呂洞賓把快樂和刺激也給了他。

一個月後，呂洞賓從這裡路過，見那男子仍然坐在那堆金子上，向路人伸著雙手——儘管有愛情、榮譽、成功、快樂和刺激陪伴著他。

「你已經擁有了你所希望擁有的，你還有什麼不滿足的呢？」

「唉！儘管我擁有了比別人多得多的東西，但是我仍然不能感到滿足。老人家，請你把滿足賜給我吧！」男子要求道。

呂洞賓笑道：「你需要滿足嗎？那麼，請你從現在開始學著付出吧。」

呂洞賓一個月後又從此地經過，只見這男子站在路邊，他身邊的金子已經所剩不多了，他正把它們施捨給路人。

他把金子給了衣食無著的窮人，把愛情給了需要愛的人，把榮譽和成功給了慘敗者，把快樂給了憂愁的人，把刺激送給了麻木不仁的人。現在，他一無所有了。

看著人們接過他施捨的東西，滿含感激而去，男子笑了。

「現在，你感到滿足了嗎？」呂洞賓問。

「滿足了！滿足了！」男子笑著說，「原來，滿足藏在付出的懷抱裡啊！當我一味乞求時，得到了這個，又想得到那個，永遠不知什麼叫滿足。當我付出時，我爲自己人格的完美而自豪、滿足；爲我對人類有所奉獻而自豪、滿足；爲人們向我投來感激的目光而自豪、滿足。」

即使你擁有金山、銀山，擁有至高的榮譽，擁有令人欽羡的愛情，也不一定會感到滿足。滿足是人生無求的最高境界，懷有廣施仁慈之心，即使素不相識的路人遭遇困難時也能慷慨解囊，學會給予和付出，你才能收穫滿足。

給予和付出是最大的滿足。一個人如果給別人以幫助和鼓勵，自己不但不會有損失，反而會有所收穫。多一份付出，你就會愈來愈瞭解多付出一點點的意義。

「我們的生活是由我們的思想造就的」，懂得給予，得對美好人生的追求，即使我們不能使所有人的世界變得美好，至少也可以使自己的世界美好。

重新認識自己

曾經努力地奮鬥結果卻失敗了，這也許是人生的最大悲劇。除了少數的成功者之外，絕大多數人都遭遇過失敗或正在失敗。失敗後，我們更應該反省一下，哪些是阻礙自己成功與發展的絆腳石。

《荒漠甘泉》中說：「我們一生最得意的紀念，最寶貴的經歷，最可誇的勝利，最有效的侍奉，常會被後來的軟弱、失敗、跌倒、灰心、冷淡、退縮等吞噬。」

許多成大事業的人，往往結局都是如此，想起也覺得可怕。雖然是事實，但並非無法避免。

戈登說：「要避免這種悲劇，只有一個穩妥的方法，那就是時時與神有新鮮的接觸。」

有宗教信仰的人，會把希望寄託於神。可是不管是有神論者還是無神論者，都可能遇到這樣的難題，就是曾經的記憶禁錮了自己的思想，以前累積的經驗沒有幫助我們進步，反而限制我們朝著更好的方向發展。

古希臘的一位哲人在風燭殘年之際，知道自己時日不多了，就想考驗和點化一下他那位平時看來很不錯的助手。他把助手叫到床前，說：「我的蠟所剩不多了，得找另一根蠟接著點下去，你明白我的意思嗎？」

「明白，」那位助手趕忙說，「您的思想光輝是得很好地傳承下去……」

「可是，」哲人慢慢地說，「我需要一位最優秀的傳承者，他不但要有相當的智慧，還必須有充分的信心和非凡的勇氣……你幫我尋找一位好嗎？」

「我一定竭盡全力。」

哲人笑了笑。

那位忠誠而勤奮的助手，不辭辛勞地透過各種管道開始四處尋找了。可是他領來一位又一位，都被哲人一一婉言謝絕。一次，當那位助手再次無功而返時，病入膏肓的哲人硬撐著坐起來，說：「真是辛苦你了，不過，你找來的那些人，其實都不如……」

「我一定加倍努力，」助手懇切地說，「找遍五湖四海，也要把最優秀的人選挖掘出來。」哲人笑笑，不再說話。

半年後，哲人眼看就要告別人世，最優秀的人選還是沒有眉目。助手非常慚愧：「我真對不起您，令您失望了！」

「失望的是我，對不起的卻是你自己，」哲人很失意地閉上眼睛，停頓了許久，才又不無哀怨地說，「本來，最優秀的就是你自己，只是你被以前的經驗蒙蔽了雙眼，不敢相信自己，才把自己給忽略、給丟失了……其實，每個人都是最優秀的，差別就在於如何認識自己、如何發掘和重用自己……」

一代哲人就這樣永遠地離開了他曾經深切關注著的世界。

那位助手後悔莫及，以致自責了整個後半生。

這位助手一直用過去形成的經驗來評價自己，所以他喪失了一次很好的機會。

在生活中，有很多人會跟那位助手犯相同的錯誤。我們都習慣於用過去的事情來評定自己，比如過去曾把一件事情做得很好，那麼再次遇到同樣的事情，就以爲憑藉原來的經驗也可以做得很好；過去沒嘗試過的東西或者曾經失敗的事物，再次面對的時候就覺得自己不行……過去的思維總是限制著我們重新認識自己，所以那些老經驗並不一定總是有利於我們以後的發展。

有利的，我們要發揚，但是對於那些可能阻礙未來發展的，我們就要大膽地摒棄。如果實在分不清什麼是有益的，那麼我們就應該及時地把自己歸零，每天都用一個嶄新的自己跟生活對接。

耐心地做好你現在要做的

每個人都會有一段蟄伏的經歷，為成功默默奮鬥、耐心等待。這個蟄伏期，你需要的不是浮躁和怨天尤人，而是耐心地做好你現在要做的事。

生活裡，有人看到了巨大的利益，所以不停地調整自己的路線，甚至急躁地想要直奔利益的終點，可是急於求成的人往往事倍功半。還有一些人，他們整天在爲了未來的事情操心，可能幾十年以後才可能面對的難處，他們現在就開始憂心忡忡了。

但是命運只肯按照現實的樣子向我們展示，根本不可能因爲我們的急躁就提前向我們展開未來的畫卷。所以，我們只能按照自己既定的生活之路，一步一步地爲未來打開局面。因而，我們絕不能急躁，嚴格遵循自己的力量，好好磨煉自己，耐心做好自己的事情。

許多人做事之所以會半途而廢，往往不是因爲難度較大，而是因爲覺得距離成功太遠。確切地說，他不是因爲失敗而放棄，而是因爲沒有耐心而失敗。如果我們能夠沉下心來，耐心完成手中的事情，那麼最終的勝利也會觸手可得。

一個新進工廠的車工被要求每天車完兩萬八千八百個鉚釘，他每天拼命努力但是依舊達不成目標。他認爲是他師傅強人所難就去跟師傅理論，認爲誰也不能完成這麼巨額的工作量，自己打算不幹了。師傅看著他，並沒有做任何辯解只是讓他從現在開始什麼都不要想，一秒鐘車一個就好。

這個車工按照他師傅的要求一秒鐘車一個，不去考慮數字，也不管最終完成的量，只是每一秒鐘就高品質地車完一個。一天下來，他發現自己不僅車完了兩萬八千八百個鉚釘，還超額完成了任務，而且一點兒都沒感覺到疲倦。

不明緣由的他又跑去問師傅。

那位老師傅笑了笑，說：「小夥子，一開始你被兩萬八千八百這個數字嚇怕了，覺得無法完成。其實你仔細想想分開做不過是七八個小時的事情。人活著也是，不要一開始就想著怎麼成功，沉住氣，做好眼前的事，當好平凡的人，最後總會成功的。」

車工聽了師傅的一席話後，一直踏實做事、認真做人，對自己的工作負責，短短幾年就變成了廠裡的車間主任，等他退休時更是變成了工廠的廠長。

人生的成功離不開不斷地重複和累積。大多數人因爲沒有耐心，沉不住氣，失去了成功的機會。少數成功人士能夠在平凡中崛起，在淡泊中孕育卓越，甚至一些看起來不可能成功的人，只要能堅持下去，能平心靜氣的重複累積小的成功，也能取得最後的成功。

「登泰山而小天下」，這是成功者的境界，如果達不到這個高度，就不會有這個視野。但是，若想到達這個境地亦非易事，人們從岱廟前起步上山，入南天門，進中天門，上十八盤，登玉皇頂，這一步步拾級而上，起初倒覺輕鬆，但愈到上面便愈感艱難。十八盤的陡峭與險峻曾使多少登山客望而卻步。遊人只有振奮不達目的決不甘休的精神，才能登上泰山絕頂，體驗杜甫當年「一覽眾山小」的酣暢意境。

像登泰山一樣，世上愈是珍貴之物，愈是讓人羨慕的成果，則費時愈長，費力愈大，得之愈難。即便是燕子壘巢，工蜂築窩也都非一朝一夕的工夫，人們又怎能企望輕而易舉便獲得成功呢？天上沒有掉下來的餡餅，點石成金須耐力和恆心。

布林沃說：「恆心與忍耐力是征服者的靈魂，它是人類反抗命運、個人反抗世界、靈魂反抗物質的最有力支持，它也是福音書的精髓。從社會的角度看，考慮到它對種族問題和社會制度的影響，其重要性無論怎樣強調也不為過。」

美國黑人出版家詹森憑藉其創辦的《黑人文摘》雜誌，結束了黑人在企業界默默無聞的歷史，進入《財富》排行榜，成為美國最有權力、最富有的黑人商人。

詹森生於一九一八年，阿肯色州人。父親是工人，一九二六年在意外事故中喪生，母親後來嫁給一個磨坊工人。那個時期，一家人過著貧窮的生活。阿肯色州沒有供黑人學生就讀的高中，除了當僕役外，黑人沒有工作的機會。

經過多年節儉積蓄，一九三二年，詹森隨家人遷往芝加哥，並進入實行種族隔離政策的杜塞博高中學習，擔任校報的管理人和年鑒的商業編輯。

在一次優秀學生的聚會中，詹森主動向前來致辭的美國北方著名黑人企業自由人壽保險公司的董事長佩斯自我介紹，並對他說：「我想進大學，但是沒有錢。」

佩斯雇他做了助理，後來，詹森升為該公司內部月刊《監護者》的編輯，他在工作中感覺到自己未來要走的路就是要創辦黑人自己的雜誌。

當時正是第二次世界大戰時期，毫無經驗的詹森前往紐約找到了美國民權運動領袖魏京斯並闡述了自己的抱負，可是詹森得到的是當頭一盆「冷水」。

然而，詹森沒有因此而放棄，在得到佩斯為他提供的兩萬人的客戶名單後，他開始創辦《黑人文摘》雜誌，並用母親的傢俱作擔保貸款五百美元，寄出了兩萬份訂單，爭取到了三千名訂戶，於是詹森有了六千美元的費用。

一九四二年十一月一日他出版了第一期《黑人文摘》，第一期五千本，除寄給訂戶外，還剩兩千本。於是他動員朋友們到各個經銷店進行推銷，然後用這些錢支付朋友們的報酬，這一招果然奏效。後來，他把這個推銷法轉移到擁有大量黑人的底特律、費城、紐約等城市。

為了提高雜誌的可讀性，詹森不斷改進編輯方針，公開反對種族歧視。他決定組織撰寫一系列「假如我是黑人」的文章，請白人把自己放在黑人的地位上，嚴肅地看待這個問題。他想，如果能請羅斯福總統夫人埃莉諾來寫這樣一篇文章就最好不過了。於是詹森便給她寫去了一封非常誠懇的信。

羅斯福夫人回信說，她太忙，沒時間寫。但是詹森並沒有因此而氣餒，他認為，總統夫人並沒有說她不願意寫。因此，一個月後，他又給總統夫人寫了一封信，回信說還是太忙。以後，每隔一個月，詹森就寫一封信，可是總統夫人總是說連一分鐘空閒的時間也沒有。

詹森始終認為：「只要她沒有說不願意寫，就說明還有一線希望，所以如果我繼續寫信求她，總有一天她會有時間的。」

他又給她寫去了一封信，但她回信還是說太忙。以後，每隔半個月，詹森就會準時給羅斯福夫人寫去一封信，言辭也愈加懇切。

不久，羅斯福夫人因公事來到詹森所在的芝加哥市，並準備在該市逗留兩日。詹森得此消息，喜出望外，立即給總統夫人發了一份電報，懇請她趁在芝加哥逗留的時間裡，給《黑人文摘》寫一篇文章。羅斯福夫人收到電報後，沒有再拒絕。她覺得無論多忙，她再也不能說「不」了。

這個消息一傳出去，全國都知道了。直接的結果是，《黑人文摘》雜誌在一個月內，訂量由兩萬份增加到了十五萬份。後來詹森又出版了黑人系列雜誌，並開始經營書籍出版、廣播電臺、婦女化妝品等事業，終於成為聞名全球的富豪。

在人生的戰場上，我們經常爲平庸者成功和聰明人失敗而感到驚奇。那些看似愚鈍的人有一種頑強的毅力與耐心。相反，那些聰明卻不堅定的人，往往沒有一個明確目標，四處出擊，結果分散精力，浪費才華。

這個社會，往往一個人懂得的東西越多，越受歡迎，在校園裡，多才多藝的人會受到眾人的追捧；在工作中，通才型員工的成功機率也要相對大得多。於是在這樣的形勢下，我們不再安於做專做通一件事，而是希望樣樣會，我們廣泛涉獵，事事參與，出現了「提起樣樣中，做起樣樣鬆」的現象。然而，社會之大，所涉及的專業之多，恐怕不是我們用一兩隻手就能數得過來的。

一個人的精力是有限的，我們不可能把所有的事情都做到最好。所以，不管你處於哪一個領域，如果已經定下了工作目標，就要耐心做好自己手中的事情，持之以恆、堅持到底。半途而廢者，只能浪費自己的青春和金錢。

收益小於成本的事情不去做

成本是為達到一定目的而付出或應付出資源的價值犧牲，它可用貨幣單位加以計量，幾乎任何成本都是可以用金錢來衡量的。

因為我們都是理性的人，所以在做任何事情的時候，都要看付出多少成本和獲得多少收益。而要獲得收益，就必須進行成本與收益的分析。如果收益小於成本，一般都是不會去做的。

成本核算是人類一切行動中都遵循的原則，大至一個國家，中到一個企業，小到一個人。拿國家來說，它對外對內採取一項政策行動，肯定會考慮到利弊兩方面，也就是這個行動的收益和成本，收益大於成本，才幹；收益小於成本，就不幹。企業更是這樣，幾乎每天都要進行成本核算，合算的項目才會去做，不合算的項目就放棄。人也一樣，他做任何一件事都會受到成本核算規律的支配。

一位博士講了這樣一件事：小學讀書時，他家裡很窮，甚至兩元的學費都很難付得起。有一次母親為獎勵他考試得了第一名，給了他五毛零用錢，他非常高興。不過馬上便有些傷腦筋：這五毛該如何花呢？應該買練習本嗎？但學校旁邊賣的三毛錢一個的燒餅對他的誘惑力也不小。

有一次同學讓他咬了一小口，那味道之好以至於他當時想哪天有錢時一定要吃個夠。但顯然，他無法同時實現兩個願望，二者只能擇其一。在反覆權衡了兩天後，他最後的選擇是：花兩毛錢買了一張白紙，裁訂成一個小練習本，剩下的三毛錢則買了一個燒餅。

可以說，這「五毛」花得很值得。其實，這位博士小時候面對的「五毛如何花」也是一種成本──收益問題。當然，他最後的選擇是投入了五毛的成本，得到的收益是既滿足了學習的需要，又滿足了解饞的需要。

舉個簡單的例子，比如說一個人打算開一家服裝店。在計算成本時，他可能會考慮到店面的房租、進貨的費用、借款的利息、付給雇員的工資、水電費、稅金等。在扣除這些費用後，他認爲自己還會賺到錢。但這樣的計算是不完全的：他漏掉了自己的工資，他墊付的資金的利息，還有開服裝店的機會成本等。只有把這些成本也考慮在內，且收益大於成本，開服裝店才是値得的。

現實生活中，人們雖然都知道成本收益的概念，卻經常忽視從成本－收益的角度看問題。很多人會遇到這種情況：爲做成一件事，花費了幾倍於別人的精力，結果卻不盡如人意。「事倍功半」成爲我們工作和生活的常態。

我們知道，思維決定行爲，行爲決定結果。因爲收益小於成本的賠本買賣不是我們的目的。如何使耕耘能有收穫甚至達到「事半功倍」，每個人都希望找到這樣的高效祕訣。其實，避免收益小於成本的事情的發生，更多的是要我們勤思考，而不是盲目做事。

成本—收益分析的特徵是：自利性、經濟性、計算性。

具體來說，成本—收益分析追求的效用是行為者自己的效用，不是他人的效用；由於行為者具有自利的動機，總是試圖在經濟活動中以最少的投入獲得最大的收益；成本—收益分析蘊含著一種量入為出的計算理性，成本—收益的計算特性是達到經濟性的必要手段。

魚與熊掌不能兼得

我們總希望自己能夠做到盡可能完美，得到盡可能多的利益，然而結果往往不遂人願，甚至反而失去了更多。

有時，如果我們能放棄一些我們的固執、狹隘和一些優勢，我們可能會得到更多。

「魚與熊掌不可兼得」語出孟子這位大哲學家，精闢富含深意。自古到今上演著多少此類場景，爲孟子這句話注入新鮮營養，以至於後世之人將其作爲行事警言，深記於心。

人生就是這樣，在選擇堅持什麼的同時，也必須放下一些東西。如果不能放下，你的人生就會變得異常沉重。

有這樣一個題目：假如羅浮宮失火了，情況危急，你只能救走一幅畫，那麼你會救哪一幅？人們大都會選擇去救達文西的傳世之作《蒙娜麗莎》，或其他價值昂貴的畫作，然而最佳答案卻在所有人的預料之外。

法國著名作家貝爾特的回答是：「我救離出口最近的那幅畫。」

他也因此而贏得了金獎。

有時，人生是一場大火，我們每個人唯一可做的，就是從這場大火中多搶救一點出來，而並不一定去精挑細選哪個最貴，哪個最美。

選擇越多，越考驗你放下的能力。當你能夠放下一切，做到簡單從容的時候，你生命的低谷就已經過去。生活中有時需要我們做出選擇，但什麼才是最難捨棄的，是一種道義，還是一段感情？爲什麼不能拋開和犧牲一些東西，而去獲得另一些永恆？人生旅途，有山有水，有風有雨，有所得也必有所失。只有明白放下也是一種選擇，我們方可擁有一份安然祥和的心態，才能活得坦然而輕鬆。

生活中每時每刻都在面臨著選擇，魚和熊掌、進和退、遠和近、得和失，總是讓人左右爲難。聰明的人，能夠以獨特的思維方式，隨機而動，適時選擇。智者能夠不被眼前暫時的、局部的現象所迷惑，而能洞察事物發展的動向，預測未來的趨勢，調整自己的行爲，該進則進，該退就退。精明者敢於放下，聰明者樂於放下，高明者善於放下。「進」固然重要，但魚與熊掌不能兼得之時，「退」也是方略。一個懂生活的人，不會強求。

很多人在一無所有的時候，都是開開心心的，除了追求那點兒小幸福，別無他求，活得那麼逍遙自在，無拘無束。然而一旦什麼都有了，就開始患得患失，整個人都變得神經兮兮，寢食難安。

仔細想想，這又是何必呢？假如獲得某些東西並不能使你安心，不如捨棄。或許你會說自己很想要那些東西，但只要你肯靜下心來想一想，就會明白，內心的安寧和坦然比什麼都重要。只要心境好，就能夠做到合理地取捨，只有明智的捨棄，才會有理想的實現。

生活中，我們需要做出的決定很多，但每個分叉路口我們只有選擇一條，這或許就是魚與熊掌不可兼得之處。

每一次在路口徘徊地越久，心就越發不安定。上帝給了我們選擇的權利，卻奪走了兼有的權利。註定，我們無法抓住手中的每一條繩索，得到就要付出。魚與熊掌不可兼得！

給自己找一個有希望的圈子

在好萊塢，流行一句話：「一個人能否成功，不在於你知道什麼，而是在於你認識誰。」

這句話並不是叫人不要培養專業知識，而是強調圈子是一個人通往財富、成功的入門票。沒有一個有希望的圈子，個人競爭力就是一分耕耘，一分收穫。但若加入一個有希望的圈子，個人競爭力將是「一分耕耘，數倍收穫」。

良好的社交圈，不是由社交圈中那些值得尊敬的人自己命名的，而是要求那個圈子裡的所有人都被人們稱作、認爲是優秀的社交人士，儘管他們對其中的一些人會不太喜歡。它主要（決不允許有例外）由具備不錯的出身、地位、性格的人士組成。

如果是那些有著出色的品質，或者是擅長某種文學藝術或科學，即使沒有好的出身、地位，也常常能合理地爲它所接納。不僅如此，良好的社交圈裡魚龍混雜，以至於一些出身、地位不好而且沒有良好品質的人，憑藉自己的勇往直前也被引薦到其中；另外一些人透過某些大人物的庇護，也混了進去；甚至一些性格冷漠、道德欠佳的人也成爲其中的一分子。但是很多時候，那些才幹超群但默默無聞、個性不好的人很難被良好的社交圈所接受。

在一個引領時尙的、出眾的社交圈中，最好的舉止、語言是最無可置疑值得好好學習的。圈子裡的人建立了這二者，並就此達成一致，無須法律的裁決來查明、弄清任何一個。全由品質一流的人組成的社交圈，不能理所當然地被稱爲良好的社交圈，以通常對這個短語的理解來看，除非他們能成爲當地時髦的、值得信賴的人們的社交圈。

因爲，品質一流的人也可能同最低劣的人一樣愚蠢、缺乏教養。另外一方面，全由低等的人組成的社交圈，不論他們的品質、才幹如何，都不會被稱為良好的社交圈。因此，儘管對他們不要有一點歧視，但還是少去為妙。

一個全由學富五車的人士組出的社交圈，也不能僅因為非常受人尊敬、為人們所倚重就配得上「良好社交圈」這幾個字。若他們不踏入社會，他們連社會中最簡單的禮貌舉止和優雅姿態都沒有。如何稱得上是良好的社交圈？如果你能很好地在這種社交圈中交遊的話，有時去參加它的聚會也是很不錯的。這樣，你會因能參加那樣一個社交圈，而更為別的社交圈中的人所尊敬。但是，不要太過於專注它，如果那樣做的話，就等於向世人表明你只是個學者，但這不是你要在這個世界成為一顆冉冉升起的閃爍明星的方法。

自稱是智者、詩人的一幫人組成的社交圈，對大多數年輕男子都很有吸引力。如果他真有才智，會很高興待在這個圈子之中；若他沒有才智，則會以是其中的一員而愚蠢地感到驕傲。不過，你可以時常適度地評價它，但無論如何都不要參與它。

智者是個很不受歡迎的派別，因爲他總是令人恐怖、驚駭；而且，大部分人都害怕社交圈中有一個智者。但是，與他們結識還是值得的，你也可以經常去參加他們的聚會，但不要排斥別的社交圈，或者多少讓人覺得你也是那種特殊人物。

所有這些社交圈中，你最應當小心避開的是那些低級的社交圈！那是一種在各方面都很低級、庸俗的社交圈，其中的人都是這樣的：地位低微、才幹低劣、舉止低俗、私服傳奇品質低下、輕視自己。那些人認爲出現在你的社交圈中是很榮耀的，爲了讓你與他們交談，他們會吹捧你的每一個惡習、每一件傻事。

你要想事業成功，就一定要營造一個適於成功的人脈網路，包括家庭關係和工作關係。中國有句古話，叫作「家和萬事興」。你與配偶的關係如何，決定了你與子女的關係，而家庭關係給我們與別人的關係定下一樣的模式。同樣，我們與同事、上司及雇員的關係是我們事業成敗的重要原因。一個沒有良好人脈資源的人，即使再有知識，再有技能，那也得不到施展的空間。給自己找一個有希望的圈子，有利於我們更好的發展自己、瞭解自己。

・透過與圈內人的交往，你能夠更加深入全面地瞭解社會。

人們要在這個社會中生存發展，就必須瞭解這個社會。我們習慣於從日常生活中瞭解這個社會，從別人的生活經驗、書報雜誌和傳播媒介中瞭解社會。僅僅從生活體驗中獲得社會知識，其知識面非常狹窄，難以使我們作出準確的判斷，這無疑是井蛙窺天。

報紙和其他傳播媒體所提供的也只不過是一張「地圖」，地圖的描繪畢竟與活生生的現實存在著千差萬別。像這樣由較狹隘的個人經驗塑造出來的世界觀，隨著圈子的擴大，有可能慢慢地得到修正。

・全面認識自己。

在與圈內人的交往中，你能夠更加深入、全面地瞭解自己。以為自己最瞭解自己，是每一個人都容易犯的一個毛病。事實上，我們對自己的認識極為有限，幾乎無法具體地描述自己的個性、能力、長處和短處。一般情況下，人們所認為的「真正的自己」，通常只包括「有意識的自我」和「行動的自我」，而這些僅僅是自我的一部分而已。

全面地認識自己的唯一辦法就是拿自己與周圍的人比較，或者從與人的交往中逐漸看清楚別人眼中的自己。人們有時候必須在多次受到長輩的斥責和朋友的規勸後，才能恍然大悟，真正擁有自知之明。「以人為鏡，可以明得失。」失去了別人這面鏡子，你將無法知道自己是什麼樣子。

貞觀年間，魏徵是唐太宗手下的一名能夠犯顏直諫的臣子，即使太宗在大怒之際，他也敢於據理力爭，從不退讓。

貞觀十六年魏徵病逝，太宗親自弔唁感歎道：「夫以銅為鏡，可以正衣冠；以古為鏡，可以知興替；以人為鏡，可以明得失。朕常保此三鏡，以防己過。今魏徵殂逝，遂亡一鏡矣。」正是由於魏徵等忠心耿直臣子的幫助，唐太宗才開創了唐初的貞觀盛世。

・透過與圈內人的交往，你能夠更加深入、全面地瞭解人生。

漫漫人生旅途中，每個人無時不在受著他人的影響，這些人可能是父母、親友，也可能是自己的上司和同事。從他們身上，我們不僅可以更全面地認識自己，而且可以更好地瞭解整個社會，同時也會從他們的生活態度中認識人生的另一個側面。

「三人行，必有我師」，我們要善於取長補短，可以從朋友的處世、思維的角度，甚至一個細微的動作或表情，學到人生的知識，這些是書本中學不到的「真金」。每個人總是在不斷開發自己的人脈圈子，區別在於成功的人總是比別人具有更龐大和更有效的圈子。

先把自己「包裝」成圈內人

作為在群體中生存的個體，你的朋友圈子一定要不停地構築，才能讓你的朋友越來越多，路越走越寬。要想擁有自己的圈子，就得先把自己包裝成「圈內人」。

有人做過一個這樣的實驗，讓一個人打扮成乞丐的樣子，而另一個人穿著高級西服，裝扮成一個高級白領的樣子，然後讓他們在一個熱鬧的路口過馬路。結果，乞丐後面沒有一個人跟隨，而那位白領後面卻有了一大群人跟著他過馬路。

爲什麼會出現這樣的情況？就是因爲白領的形象給人一種信任感，而乞丐卻不能給人信任感。所以大家從心理上都信賴這個白領，都願意跟隨他。而對於那個乞丐卻不相信，所以沒有一個人願意跟他過馬路。由此可見包裝的威力。

人們在過馬路時，尚且要跟隨一個自己感覺印象好的人，何況在辦事時呢？有一個好的包裝對辦事絕對能夠起到一定的幫助作用。

在火車站的售票廳，一位農民打扮的老人好不容易擠到了售票廳，小聲對那位女售票員說：「請問有到北京的車票嗎？」

大概是得到了肯定的回答，老人小心翼翼地把自己手中的一卷鈔票遞了進去。

不料，卻被女售票員給扔了出來：「沒票了。你到別處買吧！」

老人只好無奈地走了。

女售票員嘴裡還在嘟嘟囔囔著：「這麼爛的鈔票怎麼收呀？乾脆到別的窗口買吧。」

這時一位看起來很有身份的人走了過來，同樣問道：「有到北京的車票嗎？」

同樣是這位售票員，忙不迭地回答說：「有，還有臥鋪呢！」

這位看著很有身份的人掏出了一大把鈔票，隨便抽出了兩張，遞了過去，兩張車票就遞了出來，售票員還說著：「你收好了，這可是最好的票了！」

爲什麼同樣一位售票員，對待前後兩位購票者的態度如此不同呢？就是因爲這兩位的形象不同，所以受到了不同的待遇。由此可見，形象在辦事時的重要性。

既然一個人的形象在辦事時如此重要，我們不妨也借鑒一下銀行的做法，爲自己包裝一個善於辦事的形象，這樣辦起事來就會更加順利。在大家心目中，一個誠實、熱情、寬容、樂於助人的人，總給人一種信任的感覺，所以，大家不妨給自己包裝一種善於辦事的形象。把自己包裝成有能力、誠實、熱情、寬容、樂於助人的形象，這樣就會讓人家對你有一種敬仰的感覺，辦事時自然就不敢故意刁難了。

那麼應該怎樣來包裝自己呢?大家不妨試試下面的方法:

・包裝成一個熱情的形象。

大凡善於辦事的人,都有一副熱心腸,像一團火。他們與人相處,謙和有禮,態度熱情,和顏悅色,滿面春風,每每留下和藹可親、平易近人的良好印象。這看起來似乎是小事,不足掛齒,其實影響很大。

當你對人奉獻一絲真誠善意的微笑時,那是對他尊敬、喜歡的最直觀的表示,它可以使對方得到快慰和美的享受,進而對方會對你作出積極的評價。有些人對人缺乏熱情,不管在什麼場合,總是繃著臉,沒有一絲笑意,冷冰冰的,嚴肅得怕人。抑或偶爾也擠出一絲笑容來,但假模假樣,讓人感到很牽強,這樣自然會使對方拘謹不安,設法躲開去,自然談不上給你辦事了。

‧包裝成一個尊重人的形象。

人人都有自尊心，人人都希望受到尊重，而且對尊重自己的人有一種天然的親和力、認同感。因此，在日常生活中，不管對方的地位如何、才能怎樣，只要與之打交道，就應給人以人格的尊重。

做到禮遇要適當，寒暄要熱烈，讚美要得體，話題要投機。讓人感到他在你心目中是受歡迎、有地位的，從而得到一種滿足，感到和你交往心情很愉快。

‧包裝成一個誠實的形象。

誠實的人是人們在辦事交往中最易於信賴的朋友。

俗話說得好：「人心要實，火心要虛。」

這句至理名言被人們公推爲交際辦事的經典經。誠實的人辦事會更有優勢。誠實是一種高尚的人格，是對自己、他人和社會負責任的表現。人緣的好壞，很大程度上是人格高尚或是人格卑微的對應物。

對待他人真心誠意、實實在在，辦事說話有根有據，不捕風捉影；把問題擺在明處，不在背後搞小動作，不要耍滑藏奸，而要光明磊落、踏踏實實，擁有此等胸懷，與人相交辦事，必然能夠贏得好感。

人人都有這樣的體會。與誠實人辦事，不必遮掩防範，彼此能夠開誠佈公，同甘共苦。一個人的品質主要表現在重信義上。與人共事要「言必行，行必果」，這樣才能讓人信任你。

如果拿信義開玩笑，當面允諾，過後又忘得一乾二淨，別人追究，又一再搪塞，如此對人對事，一定會得罪朋友，失信於人，人際關係惡化，人緣變差。實際上，誠實的人信譽度高，朋友會變得多起來，人緣也就越來越好。

・包裝成一個寬容的形象。

寬容忍讓，是為人處世的較高境界，易於博得他人的愛戴和敬重。一般地說，人緣好的人幾乎都具有對己嚴而對人寬的優秀品質。寬以待人貴在一個「寬」字，也就是能容人。

在現實生活中，每個人都有自己的個性、喜好和習慣。這些東西是很難統一的。與人相處應懂得照顧別人的個人需要，能求同存異，不可以自己的好惡來約束、苛求他人，特別是對他人的過失、不足，甚至在他人做了對不起自己的事情時，只要不是原則問題，就應給以寬容，不要求全責備，過分抱怨。更不要揪住人家的小辮子，當眾揭短。這樣，他人才會把你看成是一個寬厚容人的人，而願意與你相處。如果對他人過分苛求，人家就不敢、不願靠近你。

古語道：「水至清則無魚，人至察則無徒」，說的就是這個道理。

・包裝成一個有能力的形象。

有能力的人總會得到大家的尊重，所以，就要在平時為自己樹立一個有能力的形象，別人不能夠辦的事你能夠辦下來，別人完不成的任務你能夠完成，當你找別人辦事的時候，別人也不會爲難你。

總之，給自己包裝一個好的形象，就等於給自己辦事頒發了一張通行證，辦起事來肯定會一帆風順的。

這個時代是個強調包裝的時代，偽劣產品經過精緻的包裝可以成為上等好貨，平庸之輩經過包裝可以大名鼎鼎。物品靠包裝抬身價，人也靠包裝過日子。

要結交圈中的「強人」

要想成為「強人」，我們除了需要不斷增強自身的實力外，還需要多和各方面都比較優秀的人交往。

很多人會根據自身的條件和能力去尋找和自己層次相當的夥伴，相同的道理，優秀的人也總是喜歡和自己一樣優秀的人聚集在一起。

「優秀」是一種可以傳染他人的特質，當自己周圍的人都非常優秀時，自己就也會在不知不覺間成為一個「強人」。

我們應該盡可能結交圈子裡的強人，並朝這一目標而努力。和強人相交，便能見賢思齊，近朱者赤、近墨者黑。當然，這裡所謂的「強人」，並非是指家世顯赫、地位超絕的人，而是指有內涵、讓世人所稱道的人物。

結交圈中的朋友還要注意集中精力，把大部分心思花在關鍵人物身上，要結交圈子裡的「強人」。

「強人」大體上可區分爲以下兩大類型：一爲立身於社會主導地位的人們，其次則是指那些有著特殊才華的人們，例如長袖善舞，對社會有著傑出的貢獻，才能突出，或是學識淵博的學者，才華洋溢的藝術家，等等。此種傑出絕非憑一個人的喜好所界定，而需經社會上的認同方可獲得。

「萊姆金的朋友真多啊！看，出入他家裡的那些朋友都那麼氣派！」一大群人圍在一起議論紛紛，誇讚萊姆金人緣好，人品好。

一個人不屑地撇撇嘴，嘲諷道：「你再喜歡他，萊姆金也不會邀請你和他喝葡萄酒！這樣說來你還不如他家的那條尖鼻子狗呢！」

那個人撥了撥蓬亂的頭髮，冷笑著繼續說：「他人緣好，會交朋友？簡直是睜著眼睛說瞎話！他的朋友只不過都是小鎮上的人。我每天都在鎮上，他還不認識我呢！要說朋友，他肯定沒有我的多，我認識倫敦的好多人。」

這個衣衫不整的人繼續說：「在倫敦的時候，只要是有點善心的人都會主動走近我。說到氣派的朋友，倫敦市長夠體面了吧！我和他每天都打交道，他穿多大碼的鞋我都一清二楚，還有……」

可是似乎沒有人理會他，因爲大家都知道他又在胡言亂語了，他以前只是一個跪在倫敦市街邊的乞討者，現在成天遊蕩在小鎮上。

乞丐說的話確實有一定道理。萊姆金的交際範圍局限在一個小鎮上，確實不夠廣。但是他卻是真正懂得在人際交往中運用八十／二十法則，把主要精力放在關鍵而重要的人際關係上的聰明人。

八十／二十法則的意思是：關鍵的少數往往是決定全域成敗的主要因素，它不僅在經濟和商業中得到驗證，而且在人際關係中同樣也能產生驚人的結論。

——在生活中，百分之二十的人給了我們百分之八十的價值。

——我們百分之八十的成功是因爲掌握了百分之二十的人際關係。

八十／二十法則告訴我們：把精力花在結交關鍵人物的身上。

有些人沒有必要深入交往。比如旅遊途中停留客店的房主、上班路上的售票員，只要不讓對方討厭自己就行了，有必要時聊聊天，愉快地打發一段時間就夠了。

除去這些不必交的人，努力讓百分之二十的人喜歡你就行了，不要苛求自己成爲「萬人迷」。

至於怎樣與這些人結交，沒有成形的辦法，也許是厚著臉皮毛遂自薦，或是經由知名人士的大力引薦，當然也可以加入群英聚會的團體裡去尋覓朋友。居於其間，仔細去觀察擁有不同人格、不同道德觀的人們，不僅是件賞心悅目的樂事，更對你有所助益。

身份地位高的人所聚集的團體，並不見得便是人們所稱道、喜愛的。因爲，即使身份高高在上的人群裡，也有腦袋不靈光、不懂得人情世故、一無可取的人。集結學識淵博者的團體，就不免有這種現象。這些人雖然已經獲得人們衷心的尊敬，但稱不上是交往的絕佳對象。這些人往往不知道快樂是什麼，不清楚世間爲何物，只是一味地埋頭於學問的鑽研中。

若是你參加此種團體，就必須不時地提醒自己，經常性地探出頭來看看圈外的世界。如此一來，你的判斷能力也能日漸提高。然而，一旦你緊密地參與其間，成爲不知世事的學者，那在你重新踏入鮮活的社會時，就很難步履輕快了！

很多人都渴望能和才華橫溢的人物成爲知交，總認爲假使自己也小有才氣，那更是如魚得水。即使達不到此一目的，也能滿足自己與其共榮的心理。然而，即使是和這些才氣縱橫、魅力十足的人物交往，也不可不顧一切地全身心投入。不喪失判斷力，才是最適當的交往方法。並非每個人均能心悅誠服地接受才智這種東西。相反，它往往會令人產生恐懼的心理。

一般說來，在眾目睽睽之下，人們每每對鋒銳的才智感到懼怕。但是，當你慢慢去認識這些人，繼而親近、瞭解這些人，卻會發現先前的懼意全無，甚至還和對方交上了朋友。

只是，不論對方多麼有魅力，如果自己就此終止和其他人的交往，單和這群人往來，那將會得不償失。

將大人物變成自己圈中人

多結識些大人物，不僅可以為你建立一個完整的社交網路，對你的成功起到有益影響；還可以提升你自身的社交形象，讓你在不知不覺間成為眾人心中最值得結交的「黃金」友人。

多結交些大人物，對自己事業的發展有很大好處。人們在社交活動中通常會受到兩種待遇，一種是屬於左右逢源，要風得風，要雨得雨，萬事順達類型；另一種則就是屬於舉目無親，做事處處碰壁類型。當你周圍聚集的都是些事業有成、成就優秀的人士時，就會發現原來自己已經在不知不覺中步入第一種人群的行列。

造成這一系列結果的因素主要就是根據這個人的社交關係。縱觀古今歷史，人們就會發現大多數的成功人士都是依靠良好的人際關係而成功的。

克里從小就爲自己樹立了一個偉大的願望，那就是成爲一個傑出的政治家，可是克里只是一個生長在美國科羅拉多州丹佛市普通家庭的孩子，要想實現自己的理想他還有很長的路要走。

克里並沒有因爲自己只是一個普通的社會民眾而感到沮喪，他依然喜歡自己喜歡的政治話題，爲了能早日實現自己的理想，克里努力學習以優異的成績考上了著名的耶魯大學，並在那裡結識了甘迺迪總統夫人的妹妹珍妮，並和其成爲好朋友。

在克里的思想裡只要和珍妮成爲好朋友，就一定有機會見到自己的偶像甘迺迪總統，說不定還可以和他成爲朋友，如果真是這樣，那將會對自己進入政壇提供很好的幫助。果然，克里的願望很快就實現了。

甘迺迪總統家族要在豪宅舉行家庭舞會，克里有幸得到好友珍妮的邀請參加這場盛大的舞會。在這場舞會上，克里平生第一次如此近距離地見到甘迺迪總統，並和其進行了一番親切而愉快的談話。克里首先向甘迺迪總統表達了自己對他的崇敬之情，又透過自己對當前美國政治現狀發表了一些獨特而精闢的見解，這給甘迺迪總統留下了很好的印象，並給予其非常好的評價。

結束舞會回家後，克里立刻給甘迺迪總統寫了一封信，在這封信中，他誠懇地表達了自己對民主黨堅定的信仰，以及願爲其效勞的決心，因此得到了甘迺迪總統的肯定。此後，克里經常給甘迺迪總統寫信向他表述自己對當前政治局勢的建議和主張，贏得了民主黨內部眾多人士的好感。

服完兵役回來後，克里參加了很多民主黨舉行的政治宣傳活動，在這個過程中，他結交了眾多民主黨的著名人士，進一步加深了和甘迺迪家族成員之間的友誼關係。透過一系列活動，增強了克里進入政壇發展的信心。到一九八二年，克里終於迎來了自己政治生涯中的第一縷曙光，他成功競選爲馬塞諸塞州副州長，正式步入了美國政壇。

經常和已經事業有成的大人物，或是各方面都比較成功的人物交往，把他們當作自己學習的對象，虛心向他們請教成功或是成爲優秀人才的祕訣，將他們當作是自己奮鬥的目標，這對自己的事業發展有很大的益處。

成功人士日常生活中最重要的事情之一，就是結識恰當的人並與之保持良好的社交關係。我們要想成功改變自己的命運，首要做的就是多花時間和自己認識的成功者進行社交活動，盡可能地遠離那些總是牢騷滿腹、怨天尤人，消極處事的人群，因爲這些人不但不會給你帶來有益的影響，還會將你帶入消極沮喪的迷霧中，會使你覺得生活沒有絲毫樂趣可言，不論做什麼事情都沒有動力，長時間處於灰心喪氣狀態，這些因素會對你的身心狀態造成很大的不良影響。

經常和優秀且成功的人們待在一起，很容易被他們身上的優秀品質所感染，改正自身所攜帶的缺點和不良習慣；如果有幸能和這些優秀人士成爲關係不錯的朋友，那麼當你遇到困難時，這些朋友就會在關鍵時候幫你一把，讓你渡過難關。多結識優秀的朋友可以爲你的人生帶來意想不到的好處，同時也是你成功的重要因素。

要想讓大人物成為你的圈中人，首先就是要成為他們想要結識，值得結識的人。人們都喜歡和誠實守信，謙遜有禮又不失幽默感的人結交朋友，那些大人物們也是一樣的。除了具備這樣的特質外，你還要為自己創造接近他們的機會。

一般越是成功的人就越需要人們的幫助，你主動向他伸出援手，不求回報的幫助他，他也會用同樣的方式回報你。

合適的圈子才是最好的圈子

「近朱者赤，近墨者黑」。一個人如果置身於某一不好的圈子，就會身不由己，許多事情無法左右；相反，如果一個人進入了一個好的圈子，在其遭受挫折時，就會有圈子中的人鼓勵。由此看來，一個人對圈子的選擇比對圈子的艱辛經營更加重要。

很多人，總是喜歡參加一些高級的宴會，在一些豪華的場所尋找可以幫助自己的高人。在網路上，也是進人數多、有明星出沒而且喧鬧的圈子，其實這樣的圈子並不一定是最好的圈子，尤其是不一定是適合自己的圈子。

越是高級的場合，排外性就越強。不要怪「高人們」眼皮薄，他們有很多重要的事情要做，沒有工夫扯閒。所以，如果我們沒有一定的分量，在這樣的場合，通常只是浪費精力。當然，如果我們精力繁多，憑藉韌性取勝，倒也值得嘗試。

但是對於大多數人來說，進入某個圈子，還是要先考察圈子裡人的素質，與其交往，是否真能完善自己某方面的缺陷。同時，在開始的時候，一定要選擇適合自己的圈子，在網路上，我們可以與某位有影響力的人直接對話，但是在現實中，能一步到位的機會不多，一定要給自我蛻變一個過程，提高自己在這一方面的能力和地位，然後再慢慢向高人靠攏。

相信很多人都有這樣的經歷，加入某個圈子很容易，但是在這個圈子活動卻非常難。我們無法聽懂別人的談話，也不知道怎樣和這些人交流。這種圈子大多是不適合我們的。我們的第一選擇就是要離開。

但還有一種可能，那就是我們的道行不夠。我們之所以無法被別人關注，就是因爲我們聽不懂、說不透，而這些背後最根本的因素又是我們沒有深刻理解該圈子的文化特色。當交往艱難的時候，恰恰說明我們需要修行的時候到了。我們要看準自己的缺陷，透過各種途徑瞭解圈子的文化，在聽上下功夫，當我們聽懂了，我們慢慢才會有足以啓迪他人的見解。當我們的見地很到位時，我們就容易受圈子的關注，當我們受圈子關注了，那麼我們在這個行業也就擁有發言權了。但是這些如果都不能成立，那麼我們最好還是重新找更適合自己的圈子。

圈子作爲一種資源，不僅能在你需要幫助時伸手扶你一把，而且在相互交往中能使你學到許多東西，從圈子中獲得一種受益終生的「人生資源」。用一雙火眼金睛去鑒別圈子，可能有的人想急於融入到某個圈子中，也不管這個圈子裡的人是做什麼工作的，大家有什麼樣的愛好，只要進去了，就很興奮，但漸漸才發現圈子不一定適合自己，可能這是個彎路，對個人今後大的目標沒有大得好處。那麼，面對大大小小的圈子，該如何選擇適合你的呢？鑒別圈子需要遵循下述幾個原則：

・應該有一個自己發展的大致的方向。

在這個方向上比較一致的，比較接近的一些圈子，或者說這種人脈關係，著重去發展。

・要瞭解自己的背景和能力。

圈子會帶給你一些共用的資源，同樣你要給這個圈子帶來一些賣點，一些資源，這時候你的背景跟你的這種能力，各種綜合的情況，能不能給圈子帶來一些益處，也變得重要了。

你如果不夠格，或者說沒有資質，不滿足要求的時候，可能會逐漸脫離了這個圈子了，你可能被併到另外一個圈子裡去吧，這也是由不得你自己的事情。

・一個圈子的利益取向決定於圈子裡的人和他所處的職位。

所謂「量體裁衣」就是這個道理，比如有的人力資源在公司任總監職位，那麼他對圈子的取向和給予會與一般人力資源經理不同，他所談論和要求的會是高管一級關心的事情，而一般經理人更傾向於個人職業發展。

・現代社會的圈子五花八門，可以說是種類繁多，雖然圈子的數量突飛猛進，但圈子的品質嚴重下降。

過去的圈子崇尚「談笑有鴻儒，往來無白丁」，但現在越來越多的功利色彩充斥期間，圈子的功能就是提供獲取利益的機會外加娛樂消遣。

但無論是選擇還是建立適合自己的圈子，都要遵循以下兩個原則：

・類我原則。

所謂類我原則，指的是在結交關係時傾向於選擇那些在經歷、教育背景、世界觀等方面都跟自己比較相似的人。因爲「類我」可以更加容易信任那些以同樣的方式來看待世界的人，你感覺到他們在形勢不明朗的情況下會採取和你一樣的行動。

更重要的是，和那些背景相似的人共事，通常工作效率會很高，因爲雙方對許多概念的理解都比較一致，這使得你們能更快地交換資訊，而且不太可能質疑對方的想法。

・鄰近原則。

指上班族的社交網路中多是和跟自己待在一起時間最長的人。用共同活動原則來建立社會關係網路。強大的社會關係網路不是透過非常隨意的交往建立起來的。你必須借助一些有著較大利害關係的活動，才能把自己和其他不同類型的人聯繫起來。事實上，任何人都可以參加多種多樣的共同活動並從中受益，包括運動隊、社區服務團體、跨部門行動、志願者協會、企業董事會、跨職能團隊和慈善基金會等。

另外，前提是千萬不要利用圈子。當你把注意力更多地放在利用圈子上時，就會忽略了學習和研究，開始別人也許會認同你，但早晚人家會忘掉你。

很多人喜歡不斷地在一個個圈子中跳進跳出，這樣自然無可厚非。但如果你真的想透過圈子結識一些好朋友，建議你最好不要跳得太過頻繁，否則會讓人覺得你「靠不住」。

我們大部分人都熟悉由亨利．福特創造的有關追求幸福的一句經典語錄：「不管你是否相信自己能做成一件事情，你都是對的。」

結識一個陌生人，走進一個新圈子

我們每進入一個圈子，都是從陌生開始。當然即使我們現今已在各種圈子內活躍，但並不代表我們就不需要熟悉新的圈子。

我們的進步來自身邊圈子的影響，當我們還需要新的人生發展方式時，就要去熟悉新的圈子。要熟悉新的圈子，我們就要從熟悉陌生人開始。

結交陌生人並非難事，有一句名言是這樣說的：「世界上沒有陌生人，只有未結識的朋友。」

任何深厚的友誼都是由陌生向成熟的階段培養而建立的。可以說，學會和陌生人交往，既是提高個人社交能力的需要，也是結識新友、進入一個陌生圈子的重要途徑。

美國前總統羅斯福是一個非常善於結交朋友的人。在一次宴會上，看見席間坐著許多不認識的人，他想與這些人相識。於是，他找到一位熟悉的記者，從記者那裡一一打聽清楚了那些人的姓名和基本情況。然後主動和他們接近，叫出他們的名字，並與他們談論一些與他們的生活或工作有關的事。

當那些人知道這位平易近人、瞭解自己的人竟是著名政治家羅斯福時，大爲感動。當然這些陌生人日後變成了羅斯福的朋友，是羅斯福競選總統的支持者。羅斯福就是利用他善於結識陌生人的能力，給自己建立了龐大的人脈圈子，爲成功打下了堅實的人脈基礎。

大多數人都有不願意同陌生人打交道的習慣，比如，當我們赴一個規模較大的宴會的時候，大家都會有一種不約而同的想法，就是最好避免和陌生的人同席，因爲和熟人同席就有說有笑，和陌生人就失去樂趣了。

不願意和陌生人說話，這種想法正是畏於交際的意識在作祟，正如走進游泳池而不想下水游泳一樣可笑。而且說不定與你同席而作的陌生人就是與你志同道合之人，恰巧能在事業和生活上助你一臂之力。

有一次，趙經理的朋友請他去參加一個飯局，在席間他認識了這位朋友的一個朋友。因爲不大熟悉，便交換名片，結果發現他是一家大公司人力資源部的主管。

交換完名片，自然要就對方的工作寒暄幾句，趙經理開玩笑地說「以後貴公司有什麼好職位空缺，一定記得我」，結果他馬上問，有沒有可能幫他介紹一個「有媒體經驗又有心理學背景」的朋友。聽起來很奇怪，他們公司正好有這樣一個內部溝通的職位空缺。

趙經理跟媒體的朋友都很熟，幫他一打聽，原來那些跑人才專線的記者拿到什麼心理諮詢師、職業規劃師之類證書的還真不少。於是在趙經理的牽線搭橋之下，「批發」了幾個人過去，最後還真有一個女孩被招進了公司。

後面的事情自然不用多說。投之以桃，報之以李，等後來趙經理在事業上遇到困難的時候，他還真幫趙經理物色了幾家公司，幫他拓展了事業上的空間。

在這個人脈決定輸贏的年代裡，成功者必備的一項生存技能就是無拘無束的結識陌生人，當我們能夠暢通無阻的結交陌生人的時候，我們會發現生活會因爲這些昔日的陌生人的加入而更加豐富多彩。

那麼，我們應該怎樣才能輕而易舉地跨過與陌生人之間的心理柵欄，做個能說會道、善解人意的貼心人？

方法一：施展微笑。

微笑是沒有國界的。不論在哪個場合，也不論那個場合有多少陌生人，只要我們能發自內心地微笑，就能與他人架起一座溝通的橋樑。從而把今天的陌生人練就成明天的好朋友方法二：學會傾聽。

如果我們確實覺得自己拙於言辭，在和陌生人相處時，不妨先做一個友好的傾聽者，讓他們多說一點，而後可以適當地提出自己的疑問，一般對方都會很樂意爲我們解答的，然後，我們就可以順利地加入他們的話題了。

另外，與陌生人打交道時，說好第一句話，往往就會給對方留下好印象，從而帶動對方的談話欲望，促成彼此的順利交往。我們都知道，初次交往的障礙就是彼此之間的戒心，而爲了衝破這道障礙，就需要我們謹遵這樣的說話原則：親熱、貼心、消除陌生感。

雖然我們都強調說好第一句話，那是這僅僅是一個良好的開端。我們要想和陌生人談得更投機，從而慢慢打入到他們新的圈子，就還得在往後的交往過程中深入瞭解、尋找話題，這樣才能吸引對方，使人際交往順利地進行下去，讓自己慢慢融進去這樣的一個陌生的圈子。

人際吸引是成功拓展人脈的開端

在生活的舞臺上，我們每天都在與形形色色的人打交道。有的人，初次見面就會給你留下很好的印象，讓你很長時間都不會忘記；也有的人，即使你見過多次也記不住。

我們會發現，那些容易給人留下好印象的人，在交往中也總是得心應手，從不會因為缺少朋友而煩惱。

對於這樣一個日益變化和迅猛發展的時代，很多東西對於我們來說都是稍縱即逝。我們如何把握好機遇，使自己如願地擁有夢想和財富呢？有專家指出：現代社會的發展已經顯示，在技術、資金、人力資源這三個生產力要素中，人力資源的重要性越來越凸顯出來了。一個人要想聚財，就要先聚人；有了人氣，才會有財氣。那麼怎樣才能聚集人氣呢？

心理學家的研究表明，人際吸引是人們成功交往的開端，一切良好的人際關係，無不是以人際吸引爲契機的。有了吸引，才會有真摯的友誼；有了吸引，才會有美麗的愛情。有人比喻，人際吸引就像一個無形的磁場，將人與人「吸」到了一起。

人際吸引也就是人與人之間的相互接納和喜歡。怎樣才能被人接納和喜歡，這是一個突兀有趣的話題。以下是影響人際吸引的因素：

・美感

古希臘的哲學家亞里斯多德曾經說：「美麗比一封介紹信更具有推薦力。」

雖不知亞里斯多德的所謂美麗是否只針對外貌而言，不過外貌美麗對人際吸引的作用的確是不可低估的，人們在交往中對外貌有一種特別的注意力，美麗的外貌容易使人產生好的印象。

・才能

人人都願意與有能力的人交往。在一定限度內，才能與被人喜歡的程度成正比。但是，才能太高就不利於人際交往的順利進行了。心理學家研究發現，在一個群體中最有能力、最能出好主意的成員往往不是最受人喜愛的人。這是因爲，當身邊的人的才能自己可望而不可及時，人們就會產生一種壓力，這種壓力導致人們對高材能的人敬而遠之。

現實生活中，這樣的事情屢見不鮮。在某些單位，有才能的人經常會受到排擠，而人們卻總是錯誤地傾向於用嫉妒來解釋這個現象。其實，這種事情的發生都是很正常的。

因此，在現實生活中，不必苛求自己做一個完美的人，因爲完美不但不會增加你的吸引力，反而會使人們對你敬而遠之。如果你是一個很有才能卻不受歡迎的人，那麼不妨犯一點可以原諒的小錯誤，也許會收到意想不到的效果。

一個人的個性品質無疑會影響別人對他的喜愛程度。想要吸引他人的注意，我們就需要由內而外地將自己擁有特色品質。徒有外表而沒有內涵，會讓人覺得膚淺；而擁有內涵而不在意自己的外表則會給人一種邋遢的印象。培養自己的個人品質，打造自己的個人品牌，這樣，不管走到哪裡，你都會成為人們的焦點。

自己走百步，不如貴人扶一步

常言道：「七分努力，三分機運。」很多時候，機運對我們成功來說太重要了，它可以縮短我們的奮鬥時間，讓我們事半功倍。而想得到機運，就需要我們積極主動地攀附身邊的貴人——那些能夠提攜、幫助我們的人。

當我們正在為如何走向成功而發愁的時候，不妨看看那些已經成功的人是怎麼做的。不要以為別人的成功無法複製，因為那些成功人士也都是從普通人一步步走向成功的。印尼巨富林紹良，他在人生的道路上結交自己的貴人，讓貴人發現自己，最終闖出一片天。這樣的做法就是每個有心人都能夠做到的。

盛唐時期，詩人王維想參加科舉考試，請岐王向當時權勢大的一位公主疏通關節，事先向主考官打聲招呼。可是公主早已答應別人，為另外一位叫張九皋的人打過了一次招呼。

岐王也感到十分為難，他對王維說：「公主性情剛強，說一不二，想強求她改變主意幫你打招呼，實在不容易。我給你出個主意：你將寫得最好的詩抄下十來篇，再編寫一曲悽楚動人的琵琶曲，五天以後你再來找我。」

五天後王維如期而至。岐王將王維打扮成一名樂師，攜了一把琵琶，一同來到公主的府第。

岐王事先對公主說：「多謝公主予以接見，今日特地攜了美酒侍奉公主。」

說罷便令人擺上酒宴，樂工們也依次進入殿中。

年輕的王維容貌秀美，風度翩翩，引起了公主的注意，她便問岐王：「這是什麼人？」

岐王道：「他是一個在音樂方面頗有造詣的人。」

王維演奏了一首琵琶曲，曲調悽楚動人，令人擊節歎息。這首曲子是王維新近創作的，他演奏起來自然得心應手。

公主非常喜歡這首曲子，於是迫不及待地問王維：「這首曲子叫什麼名字？」

王維馬上立起身來回答：「叫《鬱輪袍》。」

公主對王維更感興趣了。

岐王乘機說道：「這個年輕人不僅曲子演奏得好，還會寫詩，至今在詩歌方面沒有人能夠超得過他！」

公主越發好奇了：「現在你手裡有自己寫的詩嗎？」

王維趕忙將事先準備好的詩從懷中取出，獻給公主。

公主讀後大驚失色，說道：「這些詩我從小經常誦讀，一直認爲是古人的佳作，怎麼竟然是你寫的呢？」

於是，歧王讓王維換上文士的衣衫，再次入席。

王維風流倜儻，談吐風趣幽默，在座的皇親國戚紛紛向他投去欽佩的目光。

歧王趁熱打鐵，說道：「如果這個年輕人今年科舉考試得以高中，國家肯定又會增添一位難得的人才。」

公主問：「爲什麼不讓他去應試？」

歧王道：「這個年輕人心高氣傲，如果不能得到最爲尊貴的人推薦考中榜首，寧願不考，可聞聽公主已推薦張九皋了。」

公主連忙笑道：「這沒關係，那是我受他人所托才辦的。」

接著她又對王維說：「你如果真的想考，我必定爲你辦成這件事。」

王維急忙起身道謝。公主立刻命人將主考官召來，派奴婢將自己改薦王維的意思告訴了他。於是，王維一舉成名。

王維得到了公主的賞識，從此以後，他的才華得到了世人的肯定，也給自己的滿腔抱負找到了出口。

生活中的我們也是一樣的。不要以爲自己有才華，就可以傲視一切、目中無人，而應該主動找尋你的貴人，讓他發現你、肯定你，並給你指明一條發展的道路。因爲只有這樣，你的才能才不會被埋沒，你才能擺脫「懷才不遇」的苦惱，一步一步地接近成功。

每個人的身上都有著走向成功的條件，而如何使這些條件發揮出來，卻由你身邊無數的貴人所控制。你接受了貴人的幫助，就好比一粒種子投入一塊適合自己生長的土壤，充分得到土壤的滋養。從這個意義上講，你的命運操縱在貴人的手中。

這些貴人，由於與眾不同，一般都有著很強的個性，特別是一些地位比你低的貴人，他們不會輕易屈尊人下，因此，要想得到貴人的幫助，你必須放下身份和面子，用真情感動貴人。

大衛·史華茲年輕的時候和一個朋友合夥，用七千五百美元開了一家小小的服裝公司。史華茲將全部精力都投入到了這家服裝公司，在他的出色經營下，公司發展得很快，生意相當不錯。

但不久，史華茲發現了問題。他認爲，公司老是做與別人一樣的衣服是沒有出路的，必須有一個優秀的設計師，能設計出別人沒有的新產品，才能在服裝業中出人頭地。然而，這樣的設計師到哪兒去找呢？

一天，他外出辦事，發現一位少婦身上的藍色時裝十分新穎別致。經歷了一些周折，史華茲瞭解到這套衣服是她丈夫杜敏夫設計的。於是，他有了聘請杜敏夫當自己公司設計師的念頭。

然而，當史華茲登門拜訪時，杜敏夫卻閉門不見，令史華茲十分難堪。但他知道，一般有才華的人難免會有些傲氣，只有用誠心才能去感化他。所以他並不氣餒，接二連三地走訪杜敏夫的家，三番五次地要求見面。他這種求賢若渴的態度，終於使杜敏夫爲之動容，接受了史華茲的聘請。

杜敏夫果然身手不凡，他向史華茲建議採用當時最新的衣料——人造絲來製作服裝，並且設計出了好幾種頗受歡迎的款式。

史華茲是第一個採用人造絲來做衣料的人。由於造價低，而且搶先別人一步，盡占風光，公司的業務蒸蒸日上，在不到十年的時間裡，就成為服裝行業的「大哥大」。

杜敏夫就是史華茲的貴人，如果沒有他的幫忙，史華茲公司的發展就要大打折扣。但是，在他們的合作中起決定作用的是史華茲的真誠和耐心。他面對拒絕毫不氣餒，敢於放下面子，以堂堂老闆的身份三番五次地請求接見，這樣才得以獲得貴人的幫助取得事業的成功。

為了引起貴人對你的興趣，你還要花費心思去瞭解貴人的喜好、發掘他們關心的事物。學會主動攀龍附鳳就要主動尋找與「龍」和「鳳」所關的事物，並以此為突破口，拉近與貴人的距離，從而達到為自己辦事的目的。

任何一個人都有自己的人情關係網，貴人也一樣。與他攀附關係，必須先暗地裡多關注和記錄他的身世和社會關係網，包括他的親屬關係、朋友關係、同學關係、上下級關係等。掌握了這些，鑒於直接與某上級建立關係多有不便，則可見機行事、另闢蹊徑，設法同一兩位與對方關係甚篤的人建立關係，這樣，在必要時，便可以借助這些關係的力量拿住貴人的面子，使對方礙於某些關係的面子不好拒絕，不能拒絕，不便拒絕。

不過，在眾目睽睽之下是不便與別人攀附關係的，因爲絕大多數人不情願公開自己的身世和社會關係。所以，與貴人拉關係最好是在背後與貴人扯家常、聊天的時候，或者在酒桌上小酌、在茶餘飯後散步的時候，或者在貴人情緒好而且還具有拉關係興頭的時候，這樣最容易切中貴人的心意，讓他買你的帳。

請時刻牢記：貴人的引薦和提拔是你成功強有力的敲門磚，能夠為你贏得更多的機會和廣闊的舞臺。與其任憑自己的單薄力量「白手起家」，不如借助貴人的光彩與熱量，為自己鋪就一條平坦的通道。

有曠世的才華，還得找到賞識你的貴人

即使你有曠世的才華，有足夠的膽識和謀略，但是不展示出來，你的一切能力也就只有你自己清楚。當今時代是一個追求效益的時代，讓別人看到你的存在，看到你的成績，你將有意想不到的收穫。所以，滿腹才華的你，如果遇到了能夠發現並賞識你的貴人，結果就會有很大不同。

中國有「貴人」之說，即是一種在人生中出現「值得尊敬之人」的思想，它所說的貴人，大致都是身份比自己高或學識淵博者、德高望重者、有錢人等。而我們這裡所說的貴人，是公司裡身居高位的人，或者是公司裡令掌權人物崇敬的人。

這樣的人經驗、專長、知識、技能等在那個圈子裡名聲響，說話管用，讓貴人扶上一把，有時可以省很多力。個人的努力像爬樓梯一樣，腳踏實地，而所謂貴人的出現，就相當於乘上電梯。

我們每個人都希望遇到自己的「貴人」，以便在關鍵時刻或危難之際能幫我們一把。貴人相助確實是我們成功道路上的寶貴資源，他可以一下子打開我們機遇的天窗，讓我們撥雲見日，豁然開朗，直接進入成功的序列和境界；他可以大大縮短我們成功所需的時間，提升我們成功的速度，使我們站在巨人的肩膀上。

劉基，字伯溫，浙江處州府青田縣人，生於元武宗至大四年（一三一一年）。元惠宗至正二十年（一三六〇年）輔佐朱元璋，開始在政壇上嶄露頭角。朱元璋對他十分青睞。

少年得志的劉伯溫，很想爲元朝盡忠，做一番轟轟烈烈的事業。當時正處於元朝末期，官場腐敗，吏治不清，整個社會統治已是搖搖欲墜。但他並沒有感到獨木難支，而是積極投入政治活動。他以身作則，爲官清正，立志與那些貪官污吏做鬥爭。可是沒過多久，劉伯溫碰了個滿鼻子灰。上任後不久，由於受人嫉恨而被排擠。又過了不久，他又因上當彈劾監察御史失職而得罪上司，被排擠回家。

官場失意對劉伯溫打擊是非常沉重的。不惑之年的他，本來以才自恃，總想透過效忠元朝來實現自己的才華和抱負，可是每次都是乘興而去，敗興而歸，根本沒人重視他的才華。無奈之餘，他只得隱居山林，寫詩作賦，書法他懷才不遇、報國無門的抑鬱心情。

正當他報國無門之時，朱元璋領導的一支紅巾軍先後佔領了諸暨、衢州和處州，隨後又拔除了東南一帶元兵的一些孤立據點，佔領了浙東大部分地區，並極力網羅各地知識份子、知名人士，希望出來輔佐自己幹事業。在浙東早已聲名鵲起的劉伯溫，自然列入了被邀請的名單。

此時的劉伯溫已年過半百，他以爲此生碌碌無爲，再也指望不上什麼靠山了，一身的才幹也就要付之東流，又加之對朱元璋半信半疑，很不願意出山。經過朋友再三勸告，又考慮到身家性命，他才決定去應天府，對朱元璋進行觀察。

劉伯溫到應天府後，心情依然很抑鬱。朱元璋召見他那天，他懶懶散散地來到朱元璋帥府，見朱元璋只是略略一拜。當朱元璋問他怎麼建功立業時，劉伯溫隨機出了個治國十八策，說得朱元璋連連稱道，親自爲劉伯溫斟茶，繼續向他詢問有關創業的各方面意見。朱元璋禮賢下士的態度使劉伯溫那顆冰冷的心重新得到了溫暖。

朱元璋爲了籠絡像劉伯溫這樣的文人，專門修建了一所禮賢館，對文人們給予了特殊的待遇。而且每當聽到他們談論高深的政治見解時，便會行動，立即採納他們提出的正確意見。劉伯溫覺得總算遇到了明主，便忠心耿耿地輔佐朱元璋，他決心利用自己的軍事才能，爲朱元璋建立強大的軍事力量。

劉伯溫也越來越受到朱元璋的器重。一天，朱元璋在自己房中設酒席款待劉伯溫，請他分析當下局勢。朱元璋向他講明瞭當下局勢：當時，各路起義軍佔領了元朝大部分地盤，其中勢力最強盛的是湖北的陳友諒和蘇州的張士誠。這兩人爲了擴大地盤，不斷騷擾朱元璋所佔據的領地。朱元璋把大部分精力用於防備這兩個人的掠奪，搞得手忙腳亂。

劉伯溫聽完朱元璋的陳述，微微一笑。他撫摸著鬍鬚，向朱元璋發問：「您可知道山中猛虎的故事？」朱元璋被問愣了，木訥地說：「您說的是什麼意思？」

劉伯溫莞爾一笑，緩緩地說道：「從前有一隻猛虎，整天在山林裡覓食，有兩隻狼也想佔便宜，便和它爭食。猛虎追那隻狼，這隻狼就來吃他的東西；再追這隻狼，那隻狼又來吃他的東西。猛虎白白獲得了很多美食，最後竟餓死在山中。現在您就好像那隻猛虎，而陳、張二人就好像那兩隻餓狼。如果您想安安靜靜地獨坐天下，該怎麼辦呢？金陵地勢險要，但也不過是一隻肥兔；天下之大，才是可逐之鹿，若想威震天下，必先除去二狼，再北定中原。那時，您就可以面南背北佔據四海，自立爲帝了。」

朱元璋聽後，沉默了良久，對劉伯溫說：「恐我不是猛虎，而張、陳乃猛虎耳。」

劉伯溫聽罷，一下子站了起來，朗聲說道：「主公此言差矣！張士誠齷齪，胸無大志，只求自保，不求進取，有什麼英雄氣概？可以暫且置之不理。陳友諒野心十足，欲望高，擁有精兵十萬，巨艦幾百艘，地勢處我上游，經常虎視眈眈，總想侵吞我們，確有猛虎之勢，應該認真對付。然而他爲人驕傲，自以爲是，乃一勇之夫，做大將衝鋒陷陣還可以，卻不是成王霸業的材料。主公雖然如今勢力尙弱，但你胸懷大志，如能立志起兵，應先消滅陳友諒，次取張士誠，則如虎豹突起，聞者震撼，得天下有什麼難得！」

一番話說的朱元璋熱血沸騰，豪興大發，他說：「若不是先生教我，我終不過餓死之虎耳！此乃天意，使先生助我！」

從此，朱元璋把劉伯溫視爲心腹，事無大小，都要同他商量。朱元璋稱呼劉伯溫，只用先生而不呼其名以示尊重。劉基得到了公主的賞識，從此以後，他的才華得到了世人的肯定，也給自己的滿腔抱負找到了出口。

這樣的事情，在人生中總會有幾次。因為乘上了電梯，所以會一下子達到與以前完全不同的境界。換句話說，就是有能夠開拓人們命運的人的存在。實際上，是不是有人因與這樣的人相識而有完全的轉變呢？的確是有的。

美國前總統克林頓年輕時曾立志當音樂家。可是，在白宮遇見了當時的美國總統甘迺迪之後，他的人生方向發生了改變。他放棄了當音樂家的夢想，立志走政治家的道路。甘迺迪在克林頓的人生事業中發揮了非常大的作用。如果沒有甘迺迪，也許就沒有前總統克林頓，充其量會多了一個著名的音樂家。可以說甘迺迪是克林頓的貴人。

世界成功學權威安東尼．羅賓的事業成功也是因為碰到了生命中的貴人吉米．羅恩的幫助，吉米．羅恩幫他走上了研究成功學的道路。可以想像，當年如果沒有吉米．羅恩的引導、提攜，安東尼．羅賓可能還是一個普通人。

有人曾在很多公司中做過統計，發現百分之九十的中高層領導有被貴人提拔的經歷；百分之八十的總經理要得貴人賞識才能坐上寶座，自行創業成功的老闆百分之百受恩於貴人。

所以，要想迅速成就一番大事業，光靠自己一方面的力量是不夠的。要善於為自己尋找一個貴人，借貴人之力成就自己。

很多貴人都有眼光，有超前意識，能看出被資助人未來的發展趨勢。當初孫正義投資雅虎的時候，沒人看好網路，而楊致遠還是剛畢業的大學生，雅虎還只是個概念。但孫正義聽了楊致遠的遠景描述，為他們的構想所打動，毅然決定投資他們。

生活中的我們也是一樣的。不要以為自己有才華，就可以傲視一切、目中無人，而應該主動找尋你的貴人，讓他發現你、肯定你，並給你指明一條發展的道路。因為只有這樣，你的才能才不會被埋沒，你才能擺脫「懷才不遇」的苦惱，一步一步地接近成功。

所以，現在欲施展抱負的你，一定不要忽視了人脈的巨大作用，尤其要擦亮眼睛，多多結識一些能夠為你的才華買單的貴人。

如果還沒遇到你生活中的貴人，就要意識到在世上還有很多比自己身份高的人，遇到這樣的人時，要保持謙虛之心，要一心一意地去追求。這樣就不會錯過貴人資助的機遇，並使之成為改變自己命運的良機。

主動結交成功的人

主動結交成功的人是走向成功的一條捷徑，可以少走很多彎路。因為優秀的人就是一個更高的平臺，幫助你一步步登上事業的頂峰。主動結交成功者，可讓你少走彎路。

看過《鐵達尼號》的觀眾都為平民傑克和貴族小姐蘿絲的愛情所感傷。傑克贏得了船票，才得以登上鐵達尼號與貴族小姐蘿絲相遇。生活中，你也必須想辦法得到屬於自己的那一張船票，否則，不去貴人們所在的頭等艙，又有什麼機會與他們相識呢？

能夠有一個成功的典範活生生地站在自己的面前是一件多麼幸運的事，

因爲你可以很快地知道自己應該要做些什麼事。

有人說，有三種人一定要結交，即「經驗比我多、關係比我好、實力比我強」的人。很多人也許有這樣的經歷：每到一個董事長或總經理的辦公室，總會看到這些老闆與當地政府官員甚至是與元首級人物的合影，或是某某高官饋贈的牌匾等。在外人眼裡，這樣可以顯示出這位主人人緣的充沛與各種關係的良好；對老闆來說，或許這更有助於提升客戶對自己公司的信心，進而有更大的生意可以合作。這也從一個側面說明在這個社會，和成功人士交往本來就是一塊最好的無字招牌。

有一個美國女人叫凱麗，她出生於貧窮的波蘭難民家庭，在貧民區長大。她只上過六年學，也就是只有小學程度。她從小就幹雜工，命運十分坎坷。但是，她十三歲時，看了《全美名人傳記大成》後突發奇想，打算直接與名人交往。她的主要辦法就是寫信，每寫一封信都要提出一兩個讓收信人感興趣的具體問題。許多名人紛紛給她回信。

此外，還有另外一個方法，凡是有名人到她所在的城市來參加活動，她總要想辦法與她所仰慕的名人見上一面，只說兩三句話，不給對方更多的打擾。就這樣，她認識了社會各界的許多名人。成年後，她經營自己的生意，因爲認識很多名流，他們的光顧讓她的店人氣很旺。最後，她不僅成爲富翁，還成了名人。

凱麗參加活動是爲了結識名人，而不是爲了活動本身。因爲這些名人擁有許多重要的資源可供我們挖掘。搭乘頭等艙就可以爲自己搭建高品質、高價值的人脈關係網，因爲這裡出現貴人的頻率要遠遠高於其他場所。

在現代社會，越來越多的人懂得了這個道理。所以，讀 MBA 的人可能不是爲了充電，考託福的人也未必想出國，考司法考試的人不一定要當律師。許多人原本是爲了一張證書而進入某個圈子，後來變成了融入某個圈子，順便拿張證書。證書對於他們來說，不僅是一張許可證，還是一張融入某個社交群體的准入證。在生活中，有時你距離目標只有一步之遙，取得成功的關鍵就在於你能否找到實現目標的資源。而優秀的朋友就是我們身邊最好的資源。

克富洛夫說：「現實是此岸，理想是彼岸，中間隔著湍急的河流，行動則是架在河上的橋樑。」

如果我們想要把「也許偉大」的想法付諸行動，就必須尋找那些能助你上進的朋友的幫助。

美國少年亞當在雜誌上讀了某些大實業家的故事，很想知道得更詳細些，並希望能得到他們對後來者的忠告。

有一天，亞當跑到紐約，也不管幾點開始辦公，早上七點就到了威廉·亞斯達的事務所。在第二間房子裡，亞當立刻認出了面前的那個人就是自己所要拜訪的人。

亞斯達剛開始覺得這少年有點討厭，然而一聽到少年問他：「我很想知道，我怎樣才能賺得百萬美元？」

他的表情就變得柔和起來並露出了微笑，兩人長談了一個小時。隨後亞斯達還告訴他該去訪問其他實業界的名人。

亞當照著亞斯達的指示，遍訪了一流的商人、總編輯及銀行家。在賺錢這方面，亞當所得到的忠告並不見得對他有多大幫助，但是能得到成功者的知遇，卻給了他自信。他開始仿效他們獲得成功的方法。

二十四歲時，亞當是一家農業機械廠的總經理。不到五年，他就如願以償地擁有了百萬美元的財富。

亞當活躍在實業界多年，總結出了自己成功的一個信條：多與優秀的人結交。

亞當的例子告訴我們，與成功之人主動結交對於未來的發展有著重要意義。我們要主動結親成功者，可以從他們身上吸取寶貴的經驗，同時有些成功者的人脈也能爲你將來的事業提供助力。因此，在交朋友時要善於考慮並選擇比您更優秀的人，這種意識可以使您離成功更近一步。

與優秀的人結交，就要向他們學習，下面的一些做法可以參考：

多與優秀的人一起行動，爭取不要落在他們的後面。因爲人對環境有一種本能的適應，如果你總是與傑出的人、有發展潛力的人在一起，久而久之，耳濡目染，你的素質也會得到一定程度的提高。

留意優秀之人的做事習慣。這一點也很重要，優秀的人可能行動力強，可能從來不拖延，可能有長遠的眼光，這些都是你要學習的地方，不要以爲他們只是憑藉高學歷或者與人的關係才嶄露頭角的，一些他人不留意的細節可能就是他們成功的原因。

學習優秀之人的好心態和思維方式。優秀之人的思維方式一般都會與眾不同，這也正是「思路決定出路的道理」。可是思維方式不是天生的，也不會歸某個人所有，所以，他們可以用，你也可以用，學到了這些，你也有可能成爲優秀之人。

多結交成功的朋友，可以把注意力放在比自己先成功一步的朋友身上。這樣你既有結交的機會，也容易領略到對方的內涵。曾聽到某位主持人說過這樣一句話：很多人在沒有成功之前都是模仿。這話怎麼理解呢？其實在每個人的周圍都有各種各樣的成功者，他們已經告訴了我們取勝的訣竅和方式方法。在人的一生中，成功之道就算不能去模仿抄襲，但肯定有我們值得借鑒的地方。什麼都靠一個人去研究領悟發現，那時間上肯定是落後了。

其實與成功人士交識不是手段，而是目的。因為結交商界名流可能會獲得更切實的幫助。

一旦與你建立了信賴關係，他就會考慮：「這位就是我要找的人才吧。」

如此一來，你的命運就會大獲改觀，從而一步步走入名流社會。

成功的朋友肯定是我們的目標，但這個目標只是我們走向成功的方向。在我們自己通向成功的方向上，我們還必須建立自己的成功目標。然後，把自己量化的目標透過時間劃分，一點一點、一步一步去實現。

熟人鏈效應，善待你遇見的每一個人

心理學家認為，世界上任何兩個人只要透過六個中間關係，就可以成為同一條熟人鏈上的某一環。

只要你願意透過熟人的熟人的熟人介紹，我們就能夠認識想認識的人，能夠辦成想辦的事。

據美國專業人士分析，如果隨意挑出兩個美國人來，例如：愛麗絲和約翰，那麼，他們相識的可能性只有二十萬分之一。但是愛麗絲認識某人，某人又認識另一個人，另一人又認識約翰，這種可能性卻要高達百分之五十以上。這就是社會心理學中所謂的熟人鏈效應。這條熟人鏈無始無終，如同經緯線一樣罩著整個地球。社會生活中的每一個人，都是這個熟人鏈上的一環，而要想在社交場合中遊刃有餘，就要充分利用熟人鏈效應。

一個未過門的女婿準備去拜見丈母娘。路過一家食品店，見一條長蛇般的隊伍延伸出來，原來是人們在排隊購買暢銷的某知名火腿。

這個女婿想起女友說過她媽媽很喜歡用火腿煮湯喝，因此決定也買一些去討個歡心。於是，他使出渾身解數，插到了隊伍的前列。一位大媽看不慣，批評了他幾句。他惱羞成怒，脫口便罵，把那個大媽氣得怏怏離去。

他不以爲然，心裡想：「反正茫茫人海，來去匆匆，今後誰還認得誰？」

他如願以償地提著火腿，敲開了女友的家門，誰知開門的正是被他罵過的那位大媽。

這樣的事情在生活中屢見不鮮，很多時候，你會在一個意外的地方，碰到一個你認爲絕不會碰上的人；有時在旅途中，你和一個陌生人相遇，聊到了某個話題，結果發現與這個話題相關的某人你們都很熟悉，於是就會感慨：「這個世界真小！」

正因爲這個看似很大的世界實際上很小，你所遇到的每一個人說不定哪天會和你有牽連，所以，重視每一個人，才能使熟人鏈上的每一環都很牢固，不會像上文中的那位女婿一樣，因爲自己的失誤而造成人際關係的破損。

熟人鏈效應告訴我們：既然人與人之間的聯繫不是一件難辦到的事，那麼我們建立自己的人際關係網也不是一件困難的事情。當我們擁有一個廣泛的關係網時，在工作和生活中就很容易得到朋友們的幫助。

現實生活中，英雄難過熟人關。有了熟人，才有人情，有了人情，才好說話，才有人脈關係，才能把別人難辦的事順利辦成。

一位趙小姐給小李打電話。說起來，她們兩個也算是「同學」，當時在一個學校學習，只不過科系不同，在大二時的一個社團裡認識的，畢業後很少聯繫。小李接到「敘舊」電話，當然很意外。聊了一會兒，她便說出了自己的情況——她剛剛開始做公關，手頭正好有個案子，這個案子的市場競爭很激烈，而且時間很緊，也很重要。

她希望找點關係，幫她介紹一個報社的記者。問過大致情況，小李便推薦了合適的記者給她。這個記者跟小李的關係不錯，而且還比較容易說話。

在記者電話到手時，她千恩萬謝。一個多月後，趙小姐又給小李打來電話，說要請她吃飯，因爲她介紹的那個記者幫了趙小姐大忙，她把這次的公關活動做得很成功。

有一項很有趣的研究表明：任何人和世界上的任何一個人之間的距離只隔著六個人，不管你和對方身處何處，哪個國家，哪個人種，何種膚色。而且前提是這六個人之間肯定是有著理所當然的關係。

不用驚奇，構成這個奇妙六人鏈中的第二個人，很可能就是你認識的人，也許是你的父母，也許是你的同學，更有可能是在公司裡做清潔工的阿姨。可以想到，人脈其實很好建立。在現在社會的競爭中，人脈是你成功的動力。

有了人脈關係，關鍵還在於你是不是會用。

一位剛剛畢業的留學生，想回國發展，但是找了很多份工作，都沒有成功。有一天他在網上看到一家跨國公司在招聘一個職位，他覺得這個職位十分適合自己，但是到這個職位應聘的人又太多，他認爲僅憑自己單槍匹馬地去競爭，成功的機率太小。那時，他想起在他們學校的校友錄上曾看到過一位學長也是這個公司的高層，於是他連夜寫了一封電子郵件，發給了這位從未謀面的學長。在這封信中他強調自己和他是校友，也是某某大學的應屆畢業生，很希望學長能給他一次機會，並附上了一份自己的個人簡歷。

當時他並沒抱有多大的希望，心想即使那位學長回信也無非是一些官話套話而已，不可能馬上就給他答覆。

沒想到一天後，那位學長竟然給他回覆了，回覆的結果出乎他的意料，讓他有點不敢相信。信裡說讓他在第二天直接參加面試，並且還爲他附上了一些成功的祝福語。最後，他取得了這個職位，顯然，他與學長的校友關係起了關鍵作用。

在這樣一個重視人情禮儀的社會裡，人脈關係起到的作用是相當大的。有人脈就好辦事，有關係就好說話。因此，若要做事就要善於建立和利用人脈關係找靠山，這樣辦事就能順順當當，即使是難辦的事也不在話下。

請記住：善待你遇見的每一個人，說不準他就是你生命中的貴人！

適當的趨近，找到真正對你有影響的圈子

在我們的工作和生活中，有時候真正能夠影響我們前途與發展的，不是那些呼風喚雨的人物，而是那些離我們最近的人。適當的「趨近」對於自身十分有利，從某種角度而言，這並不為過。

古代大哲學家莊子曾經作過一個比喻，在一道車轍的積水中有一條魚，眼看就要饑渴而死，可憐地向人求助，其中有人便出於一片好心，開始挖渠引水，想真正解救這條魚，但渠剛開始挖，魚便死掉了。

這個比喻說明，縱然有時遠方的朋友可以從根本上解救自己，無奈鞭長莫及，難以及時實現，這樣耽誤了大事，甚至連緩解的餘地都沒有了。

在身邊的人當中，我們還可以尋找價值觀較為接近的人成為好朋友，形成自己的社交圈子。按照經驗，一個態度中立的人，常常可以爭取更多的朋友。我們也不必向任何人聲明自己是對方的死黨，只要事實上是一個圈子的就行了。

這裡的近，是純粹的空間距離，比如同一部門，鄰近的幾張辦公桌，等等。因為距離最近的人接觸機會最多，而單位裡更多的人是透過與我們最近的幾個人來瞭解我們的。我們周圍的兩個人的評價幾乎決定了與我們較遠的其他八個人對我們的評價。

某皮革公司的小王是一個非常內向的人，憑藉著自己的超強經驗在公司裡頗有地位。而公司裡另外一個與他有同樣地位的小張工作能力是不如他，但是他有很好的人緣，不管是公司新來的員工還是老員工都願意和他談天說地。

公司讓小王組建一個業餘圈子，公司這樣做的目的是讓一些人利用自己的興趣幫公司降低皮革生產過程的消耗。小王好強的個性讓他接了這個工作，但是他又毫無頭緒。他在網上去尋求各種幫助，但是網上的一些相關平臺根本無法給他提供實質的幫助。原因很簡單，那些網上的平臺根本就不瞭解他公司的生產模式。小王這樣可急了，很快老總就要到他這裡來檢查圈子的組建情況。小張性格是十分外向的，也非常樂於幫助他人。他知道了小王的情況後，主動找一些自己平時玩在一塊的員工一起來幫小王搭建這個圈子。

小王在小張的幫助下，終於成功地建成了這個圈子。而這個圈子果然發揮了很大的作用，幫助公司節約很多原材料，小王也因此晉升了。小王從此對身邊的人非常友好，隔三差五地還請他們吃吃飯，他與同事的關係也越來越好了。而自己組建的業餘圈子也越來越大，小張也成了他圈子的第二把手。

儘管我們不一定會在一個地方做一輩子，但是，良好的人際關係是人一生取之不盡的資源。人往高處走，水往低處流，如果頻繁跳槽的結果只是平行移動的話，那麼幾乎可以說，我們根本就缺乏處理人際關係的能力。就業初期的社會交往經歷，對於培養良好的社交能力至關重要。

我們可能終有一天會另謀高就，但是，希望在我們走的時候，大家感覺到的應該是惋惜而不是慶幸。正如有人搬家，僅僅是因為他對老房子感覺不滿意，他根本沒必要因此得罪所有的鄰居。

總之，我們不僅應鞏固現有的人際關係，並應在辦公室內部發展更多的人際關係。拓展自己的圈子何必捨近求遠呢？

不做井底之蛙，走出自己的「舒適圈」

人際交往中，一個人整天蒙在自己狹小的圈子裡，就像井底之蛙，當然不知道井口之外的天是多麼的奇妙。但是和大家一起分享，把你知道的和他知道的匯合，就會擴大自己的視野。

「舒適圈」的意思是所有都生活在一個無形的圈子裡，在圈內有熟悉的環境，與認識的人相處，做自己會做的事，讓人感到輕鬆、自在。但當我們踏出這個圈子的時候，就馬上會面對不熟悉的變化與挑戰，因而感到不舒適，很自然地想要退回到舒適圈內。

有一位女孩叫阿蓮，讀高中一年級，隨著青春期的到來，她慢慢地產生了擺脫父母的心理，開始有自己的書房和小書桌，每天偷偷地寫日記後，藏在抽屜中，不讓媽媽看。她希望用自己的內心去感受世界，可是面對形形色色的現實世界、繁雜的人際關係以及沉重的學習壓力，阿蓮又感到一種內心的不安。於是，她開始變得孤僻，害怕與人交往，並產生一種莫名其妙的封閉心理，有時一個人跑到小河邊望著靜靜的河水流淚，顧影自憐。

她渴望與同學進行交往，羡慕其他同學快快樂樂、輕輕鬆鬆地參加團體活動，可是她卻又害怕主動與別人交往，還抱怨別人對她不理解、不接納。

阿蓮的這種行爲其實就是心理自我封閉。她幾乎與外界隔絕，生活在個人小圈子裡，難以與人交往，發展到一定程度，就會形成一種疾病。

這是因爲阿蓮給自己營造了自己的「舒適圈」！把自己鎖在了安逸的窩裡，把外界想像得過於深不可測。其實外面的世界很精彩，嘗試從你的「舒適圈」走出去，呼吸一下外面的新鮮空氣，說不定有意外的收穫。

不想做個平庸的人，那就走出來吧！離開舒適圈，習慣了不舒適，就會重新舒適，舒適圈也就能變得更大。

每個人都有一個相對熟悉的交際圈，或以地域為標誌，如鄰里之間、單位範圍內等；或以人群為界限，如同性之間、同事之間、同齡之間、同學之間等。在這個熟悉的交際圈中你可以揮灑自如、遊刃有餘，堪稱交際高手。但一旦走出這個熟悉的交際圈，你還能達到這樣的境界嗎？有許多人一反常態，變得十分彆腳、彆扭，為此而深受困惑和苦惱。

人的一生要辦形形色色的事，要想各種事情都辦得順利，需要你不斷擴大交際面，越來越多地要求你學會與圈外的諸色人等打交道。不做井底之蛙，走出自己的「舒適圈」可以從以下幾方面著手：

・開放心態

交際圈外總不如圈中那麼熟悉、隨意，總會讓你感到陌生、僵硬、彆扭。當交往把你推到交際圈外時，你應打破怯懦畏縮心理，以積極開放的心態面對一切，這樣你就能放鬆自己，展現出熱情揮灑的風貌，讓人認同、欣賞、接受。例如，小陳在原單位時交際得體，很有人緣。

後來他被調到別的單位後，進入新的交際圈，小陳卻笨拙起來，顯得特別彆扭、窘迫。幸好有人給小陳及時傳經送寶：進行心理放鬆，讓臉上綻放笑意，主動向別人示好。

那意思就是開放心態，不封閉自我、主動熱情地面對全新的交際局面。小陳聽了這些話，茅塞頓開，後的一切隨即都變得有章有法了。

‧有效接觸

交際圈外與圈內具有很大的差異，不像圈內有更多的相同點和一致性。這就要求你善於尋找彼此的接觸點，比如工作上相通一致的地方、共同的愛好追求、性格上的一致、觀點上的相近等。觀察細緻一點，如衣服品牌相同、知道了同一見聞、認識同一熟人等，都可作爲交際的接觸點。

有了接觸點，便形成有一定內涵的合適的交往關係。一位夏老師帶領學生到某單位見習，起初她找不到與圈外人交往的感覺，說出的話文縐縐、酸溜溜的，一舉一動都顯得與企業員工格格不入。

後來她注意到這些人都很注意企業形象和產品廣告等問題，而她恰好在此方面也是內行，於是她便以此爲內容與他們談企業公關，談廣告設計，談宣傳報導。這樣她與員工有了共同話題，水到渠成地有了更深入更廣泛的交往，與新的交際圈融爲一體。

・隨行就市

新的交際圈有新的特點、新的要求，介入其中你必須調整固有的交往習慣和方式，適應它，這樣才會爲新的交際圈所接納。而且對於對方獨特的交際方式，即使不適應，也不能採取冷淡、抵觸的態度，要包容一切，取悅對方。

油漆工小杜專做私房裝修工作，一做就是十年。

雖然年紀輕輕，卻算是個老油漆工了。他的工作如源頭活水，讓他應接不暇。人們奇怪他的工作爲什麼如此之多。

小杜卻說：「其實手藝是一部分，交往是另一部分。與東家關係處融洽了，就會對你感到滿意。」

人們問交往的訣竅，小杜說：「做變色龍。」

小杜的話是調侃的口吻，但道出了事實。可以說與小杜打交道的東家形形色色，但他都能適應對方，接納對方，絕不以一個油漆工的思維方式和行爲習慣去衡量人、對待人。

比如對一位老闆，他注重言行的嚴謹、簡約、禮貌。而同一位演員交往時，他表現得活潑、熱情、隨意，有時還說幾句俏皮話。對方一些獨特的，在他一時看來不可理喻的言行，他總是表現出濃厚的興趣。正是這種「隨行就市」的交際方式，讓小杜處處得人緣，處處如魚得水。

．探索規律

交際無論圈內圈外都有其自身規律，懂得並遵循這些規律，你的交際就顯得得體、適宜。反之就難免無所適從，左右碰壁。有時這些規律複雜而微妙，這就要求你因情求實，在具體情況下探索和體會特殊交往規律。比如與老闆交往一般要注重保持距離原則。

而有些老闆是個性比較隨意的人，或者在某種情況下，某個時段內，老闆心情好，容易接納人，你就要見機改變方式以便獲得好感。

劉君有一個朋友小朱，這方面就做得很好。

就拿與女性交往來說吧，像小朱這樣的男孩見了女生多半不是笨手笨腳，就是冒冒失失；不是讓女生失望，就是讓她們厭煩。小朱卻歸納出了與女生交往的「準則」來陪她們聊天，女人最愛聊天，尤其是她們感興趣的話題，一聊沒個完。營造與她們交往的浪漫氣氛，女生們愛幻想，好憧憬，來些浪漫情調，她們自會陶醉、迷戀。另外要守住與女生交往的禁區，注意交往的分寸，別讓她們懷疑你有非分之心。

當然小朱也是因人而異、區別對待的。對爽直的，他顯得更坦誠；對那些不愛交往的，他點到爲止；對他持歡迎態度的，他樂此不疲。由於小朱牢牢地把握了與異性交往的規律並能因情求變，所以他不僅能在與同性交往中揮灑自如，而且能在與異性交往中任意騰挪。

・不畏挫折

要維護和擴大「關係網」，不可心急。聯絡真正的「領導者」，一次不行就再來一次，並不斷地累積經驗。如果是盲目地向前衝，只會使人離你越來越遠。你的積極進取在別人眼裡可能是「不擇手段」、「沒頭沒腦」的。最糟的情形，還可能是使你想親近的人紛紛躲避。要建立真正的關係，並不能像「攻城掠地」一般。可持續發展的「關係」，應該是長久而穩固的。

正如一位企業人士所說的：「我從不相信在三分鐘內就能稱兄道弟的朋

友。如果要啓用一個人來做重要的事，我一定要找一個信得過的人。」

一位老師，在教研上頗有成就。本來許多人都想結交他，但他與所有的人都格格不入，獨來獨往，特別孤立、窘迫。據說在他的小交際圈中，他卻能說會道，左右逢源。爲什麼會出現這種截然不同的情況呢？當然是因爲他不善於與圈外人交往。其實，他也很想與圈外人交往，也曾努力過，但自從碰了幾次壁後，便封閉了自己，以致弄到現在這副模樣。另外一個張老師本來也是一個一到交際圈外就張惶失措的人。但他面對一次又一次的挫折，從不氣餒，以培養在交際圈外的交際能力。

時隔數年，在一家教育報舉辦的論文比賽頒獎會上，張老師與與會的主席、師長以及編輯、專家、社會各界人士談笑風生，應付自如，讓人不禁感歎其既能做學問，又善交際。張老師能有今天的情形，該是在多少摔打中才鍛鍊出來的。

對一個新的交際空間，自然會伴隨著更多的挫折和失敗。這是對你的考驗，你是畏縮不前、一蹶不振呢，還是毫不動搖、繼續再來呢？既然挫折自然而然，你對待挫折也就該見怪不怪了。

關鍵是從中汲取教訓，累積經驗，化作動力。

自己組建圈子是拓展的最佳捷徑

圈子雖是個人取得財富、進入成功領域的門票，但是有時候進入一個圈子也未必能拿到成功的門票，因為在那個圈子裡你的影響力不夠大。如果想最大化發揮自己的影響力，還需要自己組建一個圈子。

在成功學中有「友誼網」之說，認爲喜歡別人又能讓別人喜歡的人，才是世界上最成功的人。成功的人大多喜歡廣泛交際，形成自己的一張「友誼網」。比如，你要某人推薦幾個供你拜訪的朋友，如果這個人是個失敗的人，他只能爲你提供一兩個人，而且好不容易才找到這一兩個人的地址和電話。成功的人就不同了，因爲名單上包括各種各樣的朋友，由此顯示出成功者與失敗者在交友方面的差別。

成功的人大多是有關係網的人。這種網路由各種不同的朋友組成，有過去的知己，有近交的新朋，有男的，有女的，有前輩，有同輩或晚輩，有地位高的，有地位低的，有不同行業的，有不同特長的，也有不同地方的……這樣的關係網，才是一張全面的網路。也就是說，在你的關係網中，應該有各式各樣的朋友，他們能夠從不同的角度爲你提供不同的幫助。

廣泛與人交往是機遇的源泉。交往越廣泛，遇到機遇的機率就越高。有許多機遇就是在與朋友的交往中出現的，有時甚至是在漫不經心的時候，朋友的一句話、朋友的朋友的幫助、朋友的關心等都可能化作難得的機遇。在很多情況下，就是靠朋友的推薦，朋友提供的資訊和其他多方面的說明，人們才獲得了難得的機遇。

實際上，你的「關係網」遠比你意識到的要廣大得多。你實際擁有的網路延伸到了你每天都有聯繫的人之外，更多的聯繫包括你與之共同工作和曾經一同工作過的人們、以前的同學和校友、朋友、你整個大家庭的成員、你遇到過的孩子的父母、你參加研討會或其他會議時遇到的人，這些人都會是你的網路成員。你的網路成員還應該包括那些你在網路中認識的人，以及與他們有聯繫的人。

老李的弟弟被人誣告上了法院，老李慌亂之中求助於人，別人從來沒有接觸過這類的事，也不知怎麼辦才好，只好建議他去找律師。老李說他過去也認識幾位律師，但已經好久沒有聯繫了，律師曾經給他的名片也早不知丟到哪去了。

他無計可施，長歎了一口氣說：「唉……人到用時方恨少呀！」

「人到用時方恨少」，很多人都有過這種經歷，朋友遍天下，用時沒幾人。如果你也經歷過這種難堪，請你趕快亡羊補牢；如果沒有，也要未雨綢繆，早做準備，儘快組建一個屬於自己的圈子。如何組建自己的圈子呢？有經驗人士給出的建議如下：

・要有明確的目標

我們應該以成爲圈子中的最頂尖爲目標。只要成爲圈子中的第一名，你一定會賺很多錢；只要你是圈子中的第一名，你一定會很出名：只要成爲第一名，你就一定會很成功，只要你是最好的！全世界最美好的東西就會如潮水般向你湧過來，連長城都擋不住。

喬丹打籃球成爲巨星，有人找他拍電影，有人找他拍廣告，有人找他出書……你說他的運動鞋需要自己買嗎？不但耐吉會提供，還要付他廣告費。爲什麼？因爲他是最偉大的籃球巨星。成龍拍電影的時候，各個汽車廠商爭相免費提供汽車，讓成龍在電影裡面表演特技。

爲什麼呢？因爲成龍是最棒的！成龍在馬來西亞拍電影的時候，意外將「萬寶路香煙」的招牌撞壞，萬寶路公司不但不要求賠償，還決定不將招牌修好，因爲那是成龍撞的，宣傳價值更大。開餐廳成爲麥當勞會不會賺錢？當演員當到成龍會不會賺錢？打籃球成爲喬丹會不會賺錢？不要研究別的，要研究你在你的優勢領域中到底排名第幾？

是妖是仙，都在乎自己的選擇。永遠都要做石頭！永遠都不要做雞蛋。

・要做圈中的中流

這個中流可不是中流砥柱，而是能力等各方面表現平平者。領頭人組建一個圈子時往往容易忽視這些人，認爲他們的存在沒有太大的重要性。其實這些人的力量絕不容忽視。

因爲在一個圈子之中，有很多事情是需要有人去執行的，精英只能在一些重要事件上發揮作用，而一般問題的處理，就必然落到了這些雖然能力不強，但是絕對能夠勝任的人身上，所以，在一個圈子中，這樣的人同樣必不了少。

・培養兩個在水準和能力上都不太理想的人

這類人比較有自知之明，基本上不會對領頭者的決定產生思想上的衝突，行動上可能會慢一拍，但他們執行時不太會計較個人得失。

在一個圈子中一定會有一些雜七雜八的瑣碎的事情，這些工作是精英不能做的，中流不願做的事情，這時兩個培養的作用突現出來，所以他們的存在也不容忽視。

・「管」是最後一個機動

最常見的表現方式就是末位淘汰制，但末位淘汰的是能力最差者。這裡的不一定是能力最差者，而往往是對領頭者的決定執行不力者，或因爲對圈子或領頭人不滿而製造消極情緒者。這一個機動可能是一個圈子中流動性最強者，有時可能是圈子中的精英分子。

雖然任何一個領頭人都不希望這個人存在，但是如果這種刺激圈子能更進步，這個人會是關鍵人物。領頭人可以借助這個人對圈子進行鐵腕管理。處理此人時可以無聲勝有聲，刺激其他圈子成員堅決貫徹決定。

西方有句俗話說得好，每個人距離總統只有六個人。你認識一些人，他們又認識一些人，而他們又認識另外的一些人……這種連鎖反應一直延伸到總統的橢圓形辦公室。

而且，如果你距離總統只有六個人的距離，那麼你距離你想會見的任何人也就只有六個人的距離，不管他是一家公司的總經理，還是你想讓其加入你的團隊中支持你的名人。將你所有的聯繫列出來，想想你認識並有業務聯繫的每個人設計一個計畫，以最有效地利用你的這些資源。

收穫人情，借不如送

人最怕欠什麼債呢？十之八九是「人情債」。作為感性動物，最難逃脫的就是「人情債」。即便是在「認錢不認人」的商場，成功人士也非常注重投資「人情生意」，讓別人欠下他一筆永遠也償還不了的人情債。

人情可以從兩個視角上理解：一是我們對別人的「情分」，二是別人對我們的「情分」。我們對別人的「情」施予多了，從對方的角度看，他就欠了我們的「情」；如果別人對我們的「情」施予多了，從我們的角度看我們就欠了對方的「情」。一般來說，「人情」是以三種形式進行傳遞的。

一是以物質形式進行傳遞。比如給對方施予錢物，彼此禮尚往來，互助互益，時間長了，人情越來越重。

二是以精神形式互相傳遞。比如彼此交流思想，傾訴心腸，互通資訊，相互學習，或者趣味相投，感受相近；或者彼此關愛，相互體貼，相互慰藉，這樣溝通多了，也就自然而然產生了「人情」。

三是以互助形式相互傳遞。比如互相幫忙解決困難，或者爲對方成就某種事業出過力，說過話，辦過事，等等，都可以在彼此之間換取「人情」。

人情是中國人維繫群體的最佳手段和人際交往的主要工具。朋友之間沒有人情往來，友誼就會淡漠，甚至消失。而當你送朋友一個人情時，朋友便因此欠了你一個人情，他是會想辦法回報的，因爲這是人之常情。

三國爭霸之前，周瑜並不得意。他曾在軍閥袁術部下爲官，被袁術任命當過一回小小的居巢長——一個小縣的縣令罷了。這時候地方上發生了饑荒，年成既壞，兵荒馬亂間又損失不少，糧食問題日漸嚴峻起來。居巢的百姓沒有糧食吃，就吃樹皮、草根，餓死了不少人，軍隊也餓得失去了戰鬥力。周瑜作爲父母官，看到這悲慘情形急得心慌意亂，不知如何是好。

有人獻計，說附近有個樂善好施的財主魯肅，他家素來富裕，想必囤積了不少糧食，不如去向他借。

周瑜帶上人馬登門拜訪魯肅，剛剛寒暄完，周瑜就直接說：「不瞞老兄，小弟此次造訪是想借點糧食。」

魯肅一看周瑜豐神俊朗，顯而易見是個才子，日後必成大器，他根本不在乎周瑜現在只是個小小的居巢長，哈哈大笑說：「此乃區區小事，我答應就是。」

魯肅親自帶周瑜去查看糧倉，這時魯家存有兩倉糧食，各三千斛，魯肅痛快地說：「也別提什麼借不借的，我把其中一倉送給你好了。」

周瑜及其手下一聽他如此慷慨大方，都愣住了，要知道，在饑饉之年，糧食就是生命啊！周瑜被魯肅的言行深深感動了，兩人當下就交上了朋友。

後來周瑜發達了，當上了將軍，他牢記魯肅的恩德，將他推薦給孫權，魯肅終於得到了做一番大事業的機會。

魯肅借給周瑜糧食，就是給他送出了人情，因而周瑜將魯肅推薦給孫權，使其有一個事業的機會。職場也是如此，辦公室的人際關係往往是影響我們工作情緒的重要因素。送出人情，就會令工作氛圍多分和諧。

當親戚朋友向你借錢或某些物品時，是借還是不借呢？這是現代人所常常要遇到的問題，錢只要離開自己的口袋，就有回不來的可能；東西一旦借出去，既可能被對方用壞、弄丟，也可能是被對方一直用著，尤其是把財物借給自己的親人或是朋友，上述情況就更可能發生了。這個時候，與其整日盤算著如何把財物要回來，不如放寬心，把財物送給他們。這樣，雖然在財物上蒙受損失，卻收穫了人情。

事實上，很多人碰到他人向自己借財物的問題時都很困擾，因為借出去，可能就要不回來了，或是一再拖延，到最後歷經坎坷才拿回來，甚至只拿回一部分。如果時間一到便去催債，好像自己不近人情，何況也沒勇氣開口，更怕一開口，就傷了彼此的感情。不借，自己的財物固然是「保住」了，但他們有難，不出手幫忙，道義上似乎說不過去，也擔心二人的感情恐怕從此要變質了。

聰明人的做法是：給他錢，而不是借他錢，而所謂「給他財物」有兩個層面的意義。

第一個是表面上是借給他，也言明歸還期限和利息多少，但在心理上抱著這些財物是「一去不回頭」的想法，他能還就還，不能還就當作是「送給」他的。這種態度很阿Q，卻有很多好處。第一個好處是不會影響兩人的感情，你也不會因爲對方還不起錢或不還物品而難過；第二個好處是顧到了朋友間有難相助的道義；第三個好處是在對方心中播下一粒恩與義的種子，這粒種子或許會發芽、茁壯，在他日以「果實」對你作最真誠的回報。

第二個層面的意義是真的給他財物。也就是說，他雖然是向你借用的，但你表明是給他的，是要幫他解決困難的，並不希望他一定還。這樣子做也有很多好處。第一個好處是他不大可能再來向你借，而你也可表示「我已竭盡所能」，如將對方開口的數目打折給他，萬一對方真的還不起錢，或根本不還錢，你則可以降低損失。第二、三個好處和前面那種一樣，兼顧了情與義，同時也在對方心中種了一粒恩與義的種子，而這人情，他總是要擔的。

事實上，不管是借還是給，財物能不能收回來都是個未知數。之所以說「給親戚朋友財物，財物收得回來；借他們財物，錢收不回來」，是基於財物只要離開你的名下，就有回不來的可能，因爲對方是沒有錢或缺少某些東西才向你開口的，所以明知有可能回不來，乾脆就不抱希望，免得催債時給雙方造成不愉快，自己也難過。

如果借人情或給人情，你都覺得很難，那麼就狠心拒絕吧！不過我們在力所能及的情況下還是不要那麼斤斤計較，因為財物畢竟不等同於幸福，人生的真正幸福和歡樂是浸透在親密無間的家庭關係及友情中的，有時候送出人情，也正是收穫人情的一種方式。

共

贏與互惠，是生存的最高法則

一個人的力量是渺小的，一個人的才智也是不全面的，而聰明之人往往善於與他人合作，善於借助他人的力量與之實現共贏。

一位心理學教授做過一個小小的實驗：

他在一群素不相識的人中隨機抽樣，給挑選出來的人寄去了聖誕卡片。雖然他也估計會有一些回音，但沒有想到大部分收到卡片的人，都給他回了一張。而其實他們都不認識他啊！

給他回贈卡片的人，根本就沒有想到過打聽一下這個陌生的教授到底是誰。他們收到卡片，自動就回贈了一張。也許他們想，可能自己忘了這個教授是誰了，或者這個教授有什麼原因才給自己寄卡片。不管怎樣，給人家回寄一張，總是沒有錯的。

這個實驗雖小，卻證明了互惠在心理學中的作用。它是人類社會永恆的法則，是各種交易和交往得以存在的基礎，我們應該儘量以相同的方式回報他人爲我們所做的一切。

如果一個人幫了我們一次忙，我們也應該幫他一次；如果一個人送了我們一件生日禮物，我們也應該記住他的生日，屆時也給他買一件禮品；如果一對夫婦邀請我們參加了一個聚會，我們也一定要記得邀請他們到我們的一個聚會上來。

由於互惠的影響，我們感到自己有義務在將來回報我們收到的恩惠、禮物、邀請等。人與人之間的互動，就如坐蹺蹺板一樣，不能永遠固定某一端高、另一端低，就是要高低交替，一個永遠不肯吃虧、不肯讓步、不與別人互惠的人，即使真正赢了，討到了不少好處，從長遠來看，他也一定是輸家，因爲沒有人願意和他玩下去了。

中國古代講究禮尙往來，也是互惠的表現。這似乎是人類行爲不成文的規則。

一個人向朋友請教一件事，兩人聚會吃飯，那麼帳單就理所當然應由請教人的這個人付，因爲他是有求於人的一方。如果他不懂這個道理，反而讓對方付，就很不得體。

在不是很熟悉的朋友之間，你求別人辦事，如果沒有及時地回報，下一次又求人家，就顯得不太自然。因爲人家會懷疑你是否有回報的意識，是否感激他對你的付出。及時地回報，可以表明自己是知恩圖報的人，有利於相互之間繼續交往。

而且如果不及時回報，會給你帶來一些麻煩。你一直欠著這個情，如果對方突然有一件事反過來求你，而你又覺得不太好辦的話，就很難拒絕了。

俗話說：「受人一飯，聽人使喚。」

可以說，爲了保持一定的自由，你最好不要欠人情債。

當然，在關係很親密的朋友之間，就不一定要馬上回報，那樣可能反而顯得生疏。但也不等於不回報，只是時間可能拖得長一些，或有了機會再回報。

朋友間維護友誼遵循著互惠定律，愛情之間也是如此。其實世上沒有絕對無私奉獻的愛情，不像歌裡和詩裡表現的那樣。愛情也是講求互惠互利的，雙方需要保持一個利益的平衡。如果平衡被嚴重打破，就可能導致關係破裂。

一九〇四年夏天，在美國聖路易斯舉行的世界博覽會期間，有一個製作薄餅的小商販把自己的薄餅子推車推到了會展中心附近。值得慶幸的是，政府允許他在會場附近販賣他的薄餅，但遺憾的是，由於烈日當空，他的薄餅不能引起遊人們的興趣。在薄餅攤旁邊有一個兜售冰淇淋的小攤，與他的情況剛好相反，冰淇淋賣得非常快，攤主忙得不亦樂乎。不一會兒，盛冰淇淋的杯碟用完了。

匆忙之際，心胸寬廣的薄餅攤商販將自己的薄餅卷成錐形，給冰淇淋攤當碟子用。結果冷的冰淇淋和熱的薄餅巧妙地結合在一起，受到大家廣泛的歡迎，還被譽爲「世界博覽會的真正明星」，這就是今天風靡全球的蛋筒冰淇淋的由來。

在當今社會，一個人的影響力十分有限，能調動的資源也很有限，因此若想有長遠的發展，獲取更大的利益，那麼就要學會優勢互補，善於與別人合作。

唯有透過有效的合作，充分照顧到合作者的利益，各方才能互利互惠，達到皆大歡喜的共贏局面。正如兩個小商販無意的合作，成就了風靡世界的經典，當然同時也成全了自己的腰包。

一八四七年，俾斯麥成爲普魯士國會議員，在國會中沒有一個可信賴的朋友。讓人意外的是，他與當時已經沒有任何權勢的國王腓特烈威廉四世結盟，這與人們的猜測大相徑庭。腓特烈威廉四世雖然身爲國王，但個性軟弱，明哲保身，經常對國會裡的自由派讓步。這種缺乏骨氣的人，正是俾斯麥在政治上所不屑的。

俾斯麥的選擇的確讓人費解，當其他議員攻擊國王諸多愚昧的舉措時，只有俾斯麥支持他。

一八五一年，俾斯麥的付出終於得到了回報：腓特烈威廉四世任命他爲內閣大臣。他並沒有滿足，仍然不斷努力，請求國王增強軍隊實力，以強硬的態度面對自由派。他鼓勵國王保持自尊來統治國家，同時慢慢恢復王權，使君主專制再度成爲普魯士最強大的力量。國王也完全依照俾斯麥的意願行事。

一八六一年腓特烈逝世，他的弟弟威廉繼承王位。然而，新的國王很討厭俾斯麥，並不想讓他留在身邊。威廉與腓特烈同樣遭受到自由派的攻擊，他們想吞噬他的權利。年輕的國王感覺無力承擔國家的責任，開始考慮退位。這時候，俾斯麥再次出現了，他堅決支持新國王，鼓動他採取堅定而果斷的行動對待反對者，採用高壓手段將自由派趕盡殺絕。

儘管威廉討厭俾斯麥，但是他明白自己更需要俾斯麥，因爲只有俾斯麥的幫助，才能解決他的統治危機。於是，他任命俾斯麥爲宰相。雖然兩個人在政策上有分歧，但並不影響國王對他的重用。每當俾斯麥威脅要辭去宰相之職時，國王從自身利益考慮，便會讓步。俾斯麥聰明地攀上了權力的最高峰，他身爲國王的左右手，不僅牢牢地掌握了自己的命運，同時也掌控著國家的權力。

俾斯麥是一個很聰明的人，他明白如何實現自己的價值。他認爲，依附強勢是愚蠢的行爲，因爲強勢已經很強大了，他們可能根本就不需要你；而與弱勢結盟則更爲明智，這樣因爲他們的需要而更能發揮自己的優勢，彰顯自己的價值。

我們在做事情的過程中一定讓他人需要你，扮演別人需要的角色，才能贏得別人的認可，在別人需要的時候，做好自己，發揮自己的潛能，讓自己的價值最大化。這樣才能達到雙贏與互惠的目的。

平常聯絡感情，日久才有人情

現代人生活忙忙碌碌，沒有時間進行過多的應酬，日子一長，許多原本牢靠的關係就會變得鬆懈，朋友之間逐漸淡漠。這是很可惜的。每個人都應當學會珍惜人與人之間寶貴的緣分，即使再忙，也別忘了溝通感情。

生活中，我們常常聽到有人抱怨：「平時一點聯絡都沒有，突然打電話告訴我說她要結婚，你說這都什麼人啊？」

再看看說話的人無一例外都是一副鄙夷的神情。言外之意是，這不明擺著跟人要禮錢嗎？的確是，如果是你遇到這種人，你也會從心裡討厭這個打電話的人。

以小見大，如果我們平常不與人聯絡感情，遇到麻煩的時候突然要人家幫忙，人家會怎麼想？

王易是家裡獨生女，個性清高的她，平時從來不主動與人聯繫。她丟了第一份工作後，四處求職，總是找不到合適的。她聽說同學小璐找到了一份不錯的工作，幫小璐介紹工作的是她們大學時一個美術社團的學姐。這個學姐王易也認識，三個人當時關係不錯，王易就想找她也幫忙介紹工作。於是她拿出了電話，找到學姐的號碼，打了過去。

對方接起電話問是誰，王易自報了身份，說想請學姐幫個忙介紹工作。對方停頓了一下說不記得認識她，就掛了電話。王易聽到斷音後無奈地掛上電話，她想起當時認識學姐後，小璐經常與學姐互發簡訊，參加學姐生日派對什麼的。那時候小璐問她去不去，她總說不想去湊熱鬧。

學姐曾經對自己也很熱情，還給自己留過電話號碼，自己卻一次都沒有問候過她，難怪她會對自己這麼冷淡。

王易之所以吃了閉門羹，就是因爲她平時沒有花時間和學姐聯絡感情，導致對方以記不清爲由拒絕了她。有事之時找朋友，人皆有之；無事之時找朋友，你可曾有過？你有沒有像王易這樣的經驗：當你遇到了困難，你認爲某人可以幫你解決，你本想馬上找他，但後來想一想，過去有許多時候本來應該去看他的，結果都沒有去，現在有求於人就去找他，會不會太唐突了？甚至因爲太唐突而遭到他的拒絕？

法國有一本名叫《小政治家必備》的書。書中教導那些有心在仕途上有所作爲的人，必須起碼搜集二十個將來最有可能做總理的人的資料，並把它背得爛熟，然後有規律地、按時去拜訪這些人，和他們保持較好的關係，這樣，當這些人之中的任何一個當起總理來，自然就容易記起你來，大有可能請你擔任一個部長的職位了。

也許有人會說這種手法看起來不大高明，但是非常合乎現實。

一位政治家在他的回憶錄中提到：「一位被委任組閣的人受命伊始，心情很是焦慮。因為一個政府的內閣起碼有七八位部長，如何去物色這麼多的人去配合自己？」

這的確是一件難事，因為被選的人除了要有一定的才能、經驗之外，最要緊的一點，就是「和自己有些交情」。

人非草木，孰能無情。情感為人類所獨具，在人類的生活中起著巨大的作用。人的任何認識和行動，都是在一定的情感推動下完成的。積極的情感可以煥發出驚人的力量去克服困難，消極的情感則會大大妨礙工作的進行。

「高經理，今天我們同事約好一起去錢櫃唱歌，慶賀小于夜大畢業，請您一起參加好嗎？」職員小王笑容可掬地對高科長說。

「哎呀，我可不會唱歌，免了吧。」高經理也笑容可掬地說。

類似的邀請發生了幾次，他都拒絕了，後來高經理再沒接到過諸如此類的邀請。本來，他也沒放在心上，他還以為下屬們沒再搞過類似的活動呢。但有一天，當他來到一家酒樓喝外甥的喜酒時，意外地發現，下屬們正開心團聚坐成一桌，又吃又喝，又說又笑。當發現了鄰桌的高經理時，彼此的神情都非常尷尬。

高經理這才想起，下屬們這些日子來與自己一直是疏遠的。有時，他明明聽到辦公室裡人聲鼎沸，正在熱烈地討論什麼事情，但只要他一跨進去，立刻變得鴉雀無聲。即使上班時間未到，每個人也都正襟危坐在自己的辦公桌前，不苟言笑。他有時也想說些親切的話，把氣氛搞得輕鬆點，但回答他的總是一張張訕訕的笑臉。

高經理不明白，問題就出在他總是拒絕參加下屬的那些活動上。參加集體活動是接近和瞭解大家的絕好機會，也是聯絡感情的好時機，千萬不要錯過。在酒席上、舞廳裡，你可以聽到許多平時絕對聽不到的話；下一盤棋，跑一次接力，與同事聯絡感情的作用也可能遠勝於一次談話。

有時候，不是我們接觸面不廣，不是認識的人少，而是沒有多花時間彼此問候，常聯繫，把他們留在自己的身邊。有些女孩，常說自己「懶」，沒事就喜歡「宅」在家裡，看看電視，上上網，時間就這麼過去了。也有的女孩說，週一到週五工作得夠累了，就兩天休息時間爲什麼把自己搞得那麼累呢？

其實，聯絡感情沒有想像的那麼複雜。很多時候，只需要一個電話，一條簡訊，幾句溫暖的話，幾聲關切的問候，就能拉近彼此的距離。

只有平時聯絡感情，才能知道對方最近在忙什麼，才能在第一時間明白對方所需，該出手的時候才能出手。在這種你來我往之中，感情一步步建立，加深，才有了真正的「人情」。

見面時間長，不如見面次數多

生活節奏的加快，讓每個人的時間變得極為有限。在人際交往和商業運作中，如果能縮短見面時間，增加見面次數，更加容易增進彼此感情，收到事半功倍的效果。

投資「人情生意」應該是經常性的，在商務交際中要經常使用。有心理學家曾做過這樣一個實驗：

在一所中學選取了一個班的學生作爲實驗對象。他在黑板上不起眼的角落裡寫下了一些奇怪的英文單字。這個班的學生每天到校時，都會瞥見那些寫在黑板角落裡的奇怪的英文單字。這些單字顯然不是即將要學的課文中的一部分，但它們已作爲班級背景的一部分被接受了。

班上學生沒發現這些單字以一種有條理的方式改變著——一些單字只出現過一次，而一些卻出現了二十五次之多。期末時，這個班上的學生接到一份問卷，要求對一個單字表的滿意度進行評估，列在表中的是曾出現在黑板角落裡的所有單字。

統計結果表明：一個單字在黑板上出現得越頻繁，它的滿意率就越高。心理學家有關單字的研究證明了曝光效應的存在，即某個刺激的重複呈現會增加這個刺激的評估正向性。與「熟悉產生厭惡」的傳統觀念相反，曝光效應表明某個事物呈現次數越多，人們越可能喜歡它。

這種對越熟悉的東西越喜歡的現象，心理學上稱爲「多看效應」。在日常交往中，見面時間長，往往不如見面次數多給人留下的印象深，更容易產生親近的感覺；相反，見面次數少，哪怕每次見面的時間較長，也難以消除因爲間隔的時間太長而產生的隔閡，甚至可能因爲相處的時間過長而產生摩擦。

在人際交往中，要得到別人的喜歡，就得讓別人熟悉你，而熟識程度是與交往次數直接相關的。交往次數越多，心理上的距離越近，越容易產生共同的經驗，取得彼此瞭解和建立友誼，由此形成良好的人際關係。例如教師和學生、老闆和祕書等，由於工作的需要，交往的次數多，所以較容易建立親近的人際關係。

學校裡，那些常常向老師問問題的學生，往往更容易讓老師有很深的印象。同理，常常和客戶見面的銷售員比好長時間才露面的銷售員簽的訂單更多。見面時間長，往往不如見面次數多給人印象深，感情基礎牢靠。見面次數少，不管時間多長，都無法避免因爲間隔時間太長而產生的疏遠和隔閡。透過多次接觸來強化你在別人心目中的印象，這種關係往往更加經得起考驗。

如果你想建立好的人脈網，就不要光顧著埋頭苦幹，不問世事，一年半載都不出現在你的朋友面前。認爲「關係鐵，幾年不見面情分也還在」，這是錯誤的認識。不妨多在朋友面前露露臉，哪怕只是聊幾句娛樂八卦，交換一下最近生活的感受，都能夠幫你贏得更多的信任和友誼。

在生活中，我們常常發現這種現象：那些人緣好的人，大多性格活潑開朗，善於製造與他人接觸的機會，從而提高彼此間的熟悉度，互相產生更強的吸引力；我們新認識了一位新朋友，初次見面時覺得他其貌不揚，經過一段時間的朝夕相處後，逐漸覺得他順眼多了，有時甚至會發現他在某些方面很有魅力；經常在老闆身邊出現的人，往往容易受到老闆的信任，被委以重任；「遠親不如近鄰」，親戚朋友之間多來往能增進感情，否則就可能會慢慢疏遠。

某大學英語系女生莉莉是系裡的活躍分子，她幾乎認識系裡的每一個人，有一大幫要好的朋友。正逢英語系學生會換屆選舉，她以高票當選爲學生會主席，很多人都很羨慕她的好人緣。後來發現，她的「法寶」就是常去別的宿舍串門，經常在別人面前露臉，一來二去便成了熟悉的朋友。

如果你想改善自己的人緣，不妨到朋友家中多走動走動，哪怕只是露個臉，小坐一會兒，也有助於提高你的人際吸引力；作爲職場人士，自我封閉，埋頭苦幹也並非明智之舉。不妨多與同事拉拉家常，多與老闆交流溝通，往往能夠幫助你贏得群眾基礎，受到老闆的器重。

在男女交往過程中，「多看效應」往往能夠建立起一種熟悉而穩固的感情，也就是人們通常所說的「日久生情」。或許「日久生情」沒有「一見鍾情」觸電般的感覺，它是男女經過長期磨合後，培育起來的一份心靈的默契，顯得更加珍貴。

某高校的大三女生玲玲，家裡給她介紹了一個男朋友。初次見面時，長相平平的男孩並沒有給她留下深刻的印象，兩人也就不了了之。大四時，玲玲來到一個陌生的城市，找了一份工作實習。恰好，那個男孩也在這座城市。初入職場，玲玲感覺壓力很大，再加上她在這裡舉目無親，時常感到孤獨。

一次，玲玲撥通了男孩的電話，向他傾訴苦悶。後來，他們見面了，經常一起吃飯逛街，慢慢地兩人有了默契。玲玲逐漸發現，男孩雖然長得不很出眾，但也不至於醜得掉渣，相反在他身上還有很多優點：他的沉穩大度能夠包容她的任性，他體貼細心，會燒得一手好菜。經過一段時間的交往後，她覺得自己越來越離不開他了。一年過後，玲玲和那個男孩有情人終成眷屬。

在情感中，「多看效應」表現爲日久生情。在商業交往中，運用「多看效應」可以培養與客戶之間的親密感情。很多事業有成的客戶通常都十分忙碌，沒有太多的閒暇時間留給你。只有經常出現在客戶的視野裡，進行頻繁而短暫的交流，才能加深客戶對你的印象。當他需要相關產品或服務的時候，自然會首先想到你。

當然，任何事物都是辯證的，不是絕對的，我們應該承認交往的次數和頻率對吸引的作用，但是不能過分誇大其對交往的作用。俗話說「距離產生美」，任何事情都存在一個尺度的問題。

有些心理學家孤立地把研究重點放在交往的次數上，過分注重交往的形式，而忽略了人們之間交往的內容、交往的性質，這是不恰當的。

微笑是接近他人最好的「介紹信」

法國作家雨果說：「笑，就是陽光，它能消除人們臉上的冬色。」叔本華說：「笑口常開者幸福如春。」

微笑是你接近他人最好的介紹信。微笑的表情，是一種誠意和善良的象徵，是愉悅別人的一種良好形象，同時也是一種引起興趣和好感的催化劑。

現實生活中，我們常常會面對一些冷漠的面孔、陰鬱的眼神，甚至是惡意的傷害、陰險的陷阱，但是無論我們心靈的天空密佈著多少陰雲，我們都應該用微笑來面對人生。一抹微笑就是生活中的一道陽光，它不僅能夠照亮自我陰暗的心情，還能夠溫暖周圍陰霾而痛苦的心靈。

真誠的微笑是我們最好的「敲門磚」，是與他人交往的通行證，它代表著歡迎和友善，能夠消除彼此的戒心和陰霾，給我們的交流帶來融洽祥和的氛圍。

真誠的微笑是我們臉上最鮮明、搶眼的個性標籤，它會讓我們變得與眾不同，並且魅力四射；它也能消除我們與他人之間的隔閡，幫助我們在事業上收穫更多。

微笑會使你的讚美詞更加具有分量；微笑可使對方無法拒絕你的請求；微笑會加倍地讓贈送禮品的人感覺到你的謝意。微笑給予每一個人的權利都是同等的，不管是胖是瘦，是美是醜，它都給你以無窮的魅力。

微笑讓我們變得美麗，它讓我們的內心變得柔軟而深情。對朋友而言，微笑是彼此之間心靈的默契；對陌生人來說，微笑是心與心之間最短的距離。

瑪麗是一個單身女子，一個人住在一間公寓裡。有一天，她突然聽到一陣敲門聲，於是就去開門。她打開門，卻發現門外正站著一個手持菜刀的男人，不懷好意地盯著自己。

瑪麗沒有驚慌失措，她靈機一動，反而微笑著說道：「我的朋友，你可真會開玩笑，竟然想起用這種方式推銷菜刀。不過，我很喜歡，我能買一把嗎？」

她一邊說著，一邊讓這個男人走進房間，接著又說道：「你長得很像我過去一位善良的鄰居，看到你，我真的很開心，你要喝茶還是喝果汁？」

看到她真誠的微笑，聽著她友善的話語，本來不懷好意的男子漸漸靦腆起來，他結巴著說：「謝謝，謝謝你。」

最後，瑪麗真的把那把明晃晃的菜刀買了下來，付錢時，男子猶豫了一下，接了過來。

又遲疑了一會兒，男子就要離開了，在轉身將要離去時，他說道：「小姐，妳的笑容將會改變我一生的命運。」

微笑綻放在臉上，心裡充滿陽光，雖然微笑不能改變世界，但最起碼可以使自己的周圍溫煦如春，暖意融融。微笑是會蔓延的。當你笑的時候，人們認為你感覺很好，很快樂，於是他也會跟著你笑。

你對別人微笑，與別人分享你的快樂，你就會發現，這些人臉上永遠伴著微笑。一個人，不論身處何種困境，不論心裡有多麼的不高興、受了多大的委屈，能夠面帶微笑，就一定能贏得理解、同情和尊重。

王先生開了一間私人診所。有一次，他診所的患者中有一位推銷保險的女業務員，年紀約二十多歲，是一個活潑又富有行動力的美女。

她向王先生訴苦：「由於我的齒形外觀不雅，所以無法有足夠的自信咧嘴而笑，希望透過治療能帶給初次見面的準客戶更好的印象。」

在齒形治療的一個月中，王先生指導她做「微笑訓練操」，同時告訴她笑的威力。三個月後，她以明朗快活的語調打電話給王先生，說她的月營業額竟然迅速地增加了一倍。對自己的笑容有了自信，就能帶給客戶一個良好的印象，而自己也會因此變得更積極更有活力，這絕對不是偶然的。

微笑能帶來快樂，而快樂能改變人的生活態度。帶上快樂你會覺得快樂就在你觸手可及的地方，快樂就在你的身邊。

微笑是和煦的春風，微笑是快樂的精靈，微笑是看不見的財富。微笑有擋不住的魅力，還在於它具有經濟功能，能產生巨大的價值。

美國的希爾頓酒店是世界上最負有盛名的酒店之一，董事長唐納．希爾頓說過：「希爾頓的繁榮都是因爲微笑的力量。」

希爾頓之所以如此重視微笑的力量，是源於許多年前的一位老婦人。當時，希爾頓的心情很糟糕，這位老婦人正巧來拜訪他。希爾頓本來很不耐煩，可是當他從書案上抬起頭時，看見的是一張充滿微笑的慈善溫暖的臉——那張笑臉的力量是如此的難以抗拒，希爾頓突然覺得心情好了起來，他立即請老婦人坐下，兩人開始了愉悅的交談。

交談過程中，他完全被老婦人慈祥的笑容所感染了，心情也變得特別好。

從那以後，他就把「微笑」服務當作了整個酒店的服務宗旨。

每次，他到世界各地的希爾頓飯店視察工作時，都會向員工強調：「今天，你對顧客微笑了嗎？」

這種微笑服務也確實讓所有去過希爾頓酒店的人親身感受到了那種無法抗拒的力量。

後來，唐納．希爾頓總結說：「微笑是事業上的一種成本最低、收益最高的投資，它是最簡單、最省錢也最容易做到的服務。」

因此，他要求所有希爾頓的員工不管多麼委屈，多麼辛苦，都要記得在任何時候給予顧客最真誠的微笑，用自己的笑容帶給顧客最溫暖的陽光。

微笑往往能為我們帶來巨大的經濟效益。事實上，不論是普通的人際交往，還是在生意場上，微笑都是打開對方心靈，縮短彼此距離的最好敲門磚。只有懂得微笑的人，才會在人際交往中受到他人的歡迎。

打扮得體的銷售人員，面帶微笑，一定能招來更多的客戶；營業員面帶微笑，會吸引更多的顧客、推銷掉更多的商品；面帶微笑的公關，能更好地與周圍世界溝通，建立自己公司、企業的形象，打開新的局面，獲取巨大效益。

一家雜誌社的主編，他所經營的雜誌銷量非常大，而他的名片上除了必須具有的姓名和聯繫方式外，只印有一句話：「當你微笑時，世界也在對你微笑。」

每次，別人收到他的名片，看一眼，都會忍不住會心地微笑。

現實生活中，沒有人能輕易拒絕他人真誠的微笑。微笑是我們的本能，正是因爲人類具有這樣的本能，人與人之間才會擁有最短的距離。它具有神奇的魔力，能夠消除人類彼此之間的隔閡。

微笑是一種藝術，是一門學問。微笑涉及個人的文明素質、生活內容和節奏，也涉及民族性格和文化傳統。微笑是內心的愉悅自然地流露在臉上，它是僞裝不出來的，非僞裝不可，也是苦澀的微笑，倒不如不進行僞裝得好。

・學會微笑

如果你對別人抱著友好的態度，對社會具有好感，自然會笑口常開，久而久之，微笑會自然地變成你自身的一部分。

你每天都應抽出點時間去笑。在家庭中，也特別需要這樣的調劑。笑，能使你在社會上人際關係融洽，在家庭中天倫之樂融融。當你某一時刻心情惡劣時，設法使自己笑出來，是改變心情最好的辦法。

無論你遇到的困難多麼大，處境如何痛苦，一旦你笑了，你就可能撐得過去，不會被困難壓倒，也不會向處境屈服。

・獨樂樂不如眾樂樂

許多人聚在一起時，如果別人的笑和幽默引起大家的共鳴，你就不能板著臉。大家都笑而你卻正襟危坐，無疑會破壞整個氣氛。講笑話的人心中會十分不快，認爲你有意和他爲難，故意不笑（其實你只不過認爲並不好笑），其他的人也會認爲你大煞風景。所以，在這種場合，表現出能欣賞別人的笑和幽默，和大家一起笑，是爭取友誼或友好對待的方法。

不要瞧不起別人的笑和幽默，不要認爲笑和幽默是你的獨有物，應該用笑聲來表示對別人笑和幽默的讚賞，這樣也會使你收到友誼的回報。

笑在一般交際場合中都是暢通無阻的通行證，但這並不意味著它在任何交際場合中都適用。

如果在不該使用笑的場合中使用了笑，那麼，不僅達不到搞好人際關係的效果，而且還會受到別人的冷眼相對，甚至會引來別人的憤怒，這當然是很糟糕的。

學會幫助他人，你將獲得更多

人是需要關懷和幫助的。幫助別人不一定是物質上的幫助，簡單的舉手之勞或關懷的話語，也能讓別人產生久久的激動。如果你能做到幫助曾經傷害過自己的人，不但能顯示出你的博大胸懷，而且有助於「化敵為友」，為自己營造一個寬鬆的人際環境。

從幼時起，我們就被教育人與人之間應該互相幫助。曾經，我們也曾個性鮮明，也喜歡恩怨分明，願意幫助他人，也希望能夠受到他人的幫助。然而，隨著年齡的增長，我們卻慢慢丟掉了「樂於助人」的個性標籤，變得越來越「沒有個性」，越來越不願意去幫助別人。

有的人認爲給別人幫忙會引起誤會或者給自己帶來不必要的麻煩；有的人擔心「教會徒弟，餓死師傅」，幫了別人反而會威脅到自己的利益和地位；有的人感覺每個人都要經歷出錯、被批評的過程，不必去多管閒事……現實生活中，我們往往變得越來越圓滑世故，如果看到那些時時刻刻想要熱情助人，反而會覺得他幼稚可笑，或者非常不以爲然。

事實上，我們自己也常常因爲各種困難而求人幫忙，也會受他人所求。如果你能在別人需要的時候伸出自己的援手，給予力所能及的幫助，那麼別人自然能記得你的恩惠，在你需要的時候回報你。

李岩是某知名企業的老闆，說起他，老同學們沒有不稱他優秀的。他不僅個人能力極強，而且情商極高，在做生意的過程中非常擅長做人情投資，透過這種方式，李岩爲自己累積了相當豐富的人脈資源，他的企業也因此而獲得了許多穩定的客戶關係。

李岩的企業屬於加工產業，所以他必須經常與一些大型的電商公司合作，承包他們的工程才能將自己的企業維持下去。爲了保持和這些公司的長期穩定關係，李岩常常請這些公司的老闆吃飯喝茶，趁機送些禮物，獲得他們的信任。

不過，與其他人不一樣，李岩贏得人心的方法不僅僅只是與別人公司的領導層打好關係，他還注意幫助那些不重要的一般員工的需求，關鍵時刻會傾囊相助。

與李岩打過交道的人當中，多半都曾經受過他的幫助。儘管短期看來，很多付出的東西並不能收到立竿見影的成效，但是，有朝一日，他們都會在合適的時機回報給他。他這種爲人處世的方式，贏得了客戶們的普遍認同，更爲自己的發展打下了人情基礎。

對於自己有合作關係的客戶，李岩能夠事無巨細，事事都放在心上，主動給幫助別人，長期的付出讓李岩擁有如此廣闊的人脈，更讓他的企業順順利利地成長壯大。可見，幫助別人並不是在耽誤自己。

「人非草木，孰能無情」，每個人的內心深處都是通情達理的，當別人真心幫助我們的時候，我們也必然會心存感激，有所回報；如果能夠真心幫助別人，往往也會收穫別人的感激和回報。有句話叫作「滴水之恩，湧泉相報」，說的就是這個道理。我們每個人都有困難的時候，也只有在困難之中才能看出人與人的真情，如果有人在我們困難的時候適時地扶持一把，我們也必然會銘記於心，去回報別人。

阿特．加芬克爾和桑迪．格雷都是大學時期的同窗室友，曾一同就讀於哥倫比亞大學。他們都來自貧窮的家庭，家境都不富裕。在大二的時候，桑迪突然得了一種眼疾，因爲沒有及早發現，他基本上已經成爲一個盲人。

對於一個處在一所競爭激烈的學校中的窮學生來說，這無疑是一個災難性的打擊，因爲喪失視力就意味著無法學習。然而，在桑迪喪失視力以後，阿特每天晚上都會在他身邊爲他閱讀教科書上的內容，而且大學期間一直沒有間斷。可以想像一下，阿特爲了幫助自己的室友，在這期間喪失了多少個人的自由時間，可是他毅然地堅持了下來，而且從來都是不計回報的。

後來，桑迪以優異的成績完成學業，並且獲得了獎學金，得到了去牛津大學深造的機會。這時，他依然一貧如洗，身上僅有五百美元以備急用。

這天，阿特給桑迪打電話說：「桑迪，你知道嗎？我不喜歡現在做的研究工作，我真正熱愛的是唱歌。現在我有一個朋友，他會彈吉他，我們正在計畫要用我們的雙手在音樂領域裡闖一闖。我們現在需要錄製一張唱片來做宣傳，這需要花費五百美元。」

桑迪聽了，立刻取出自己僅有的五百美元送給了阿特。

之後，阿特他們用這五百美元製作了第一張唱片《寂寞之聲》，而那首描繪青春、友誼和愛情的歌曲也隨之誕生了，那首歌曲撥動了億萬人的心弦，就是電影《畢業生》的插曲《斯卡布羅集市》，阿特·加芬克爾也由此成爲音樂領域中最耀眼的明星。

愛因斯坦說：「生命的意義在於樂於助人，憂他人之憂，樂他人之樂。」科學家的智慧同樣在呼喚著人性的光芒、群眾無私的力量，別再冷漠了，看看你身邊的人，他們需要你支援，期待你幫助，幫助他們吧，給自己的人格找一個支點。

學會幫助別人，不是爲獲取利益，而是一種心靈的坦然，人格的健全。

學會幫助別人，可以著手於小處，可以兼濟天下。

當看到別人的苦難，心底流淌出一股溫泉時，你就理解了幫助他人，當再向他跨出一步，就真的可以幫助了他們，學會幫助別人就是這樣簡單，播種了愛心，心中會長出溫柔明亮的花朵，感動別人的同時，對自我更是一種喜悅，成長，幸福與慰藉。

學會幫助別人，也是所有不平凡人奉行的品格，而正是幫助別人，才使他們真正的不平凡。有如《哈利波特》的創作者，在收穫名譽時，不忘了將這份榮譽帶來的金錢讓貧困兒童一起分享。

我們在崇拜他們的同時，也應當向他們一樣，去幫助別人。

擁有和諧的人情網便能如魚得水

人情，在中國人的社會中所表現出來的方式是多種多樣的。與老闆的關係、與同事的關係、與家人的關係、與朋友的關係、與親戚的關係、與同學的關係、與老鄉的關係……慢慢的，這些關係在我們身邊形成了一個有規則的人情網。

我們對身邊的每一個人都要用心維護，和諧的人情網使我們行走社會的護身符。

講人情，在中國是如此的普通。多種多樣的人情，漸漸地也在身邊形成了一個由很多人組成的情感網，而在「人情網」裡，又有很大的學問。

人情在人們的生活中十分重要。孩子上學找個好學校，要靠人情；企業之間合作，想拉來大客戶，要靠人情；就連推銷、賣保險的人，都知道只有維護好了人情，才能在工作上順風順水。

在這個社會中生存，需要尋求他人的幫助，借他人之力，方便自己，就需要我們擁有和諧的人情網。即使我們有很強的能力，也需要別人的幫助。就算我們渾身都是鐵，也打不了幾根釘。只有善於借助他人的能量，我們才能「成材成器」。

劉邦出身低微，學無所長，文不能著書立說，武不能揮刀舞槍，但劉邦善用他人，膽識過人。早年窮困時，他身無分文，卻敢獨坐上賓之位。押送囚徒時，居然敢私違王法，縱囚逃散。以後斬白蛇起義，召集四方豪傑，各種背景的人都爲他所用。如韓信、彭越、英布，這些威震天下的英雄，原先都是其死敵項羽的手下。至於劉邦身邊的文臣武將，如蕭何、曹參、樊噲、張良等，都是他早期小圈子裡的人，蕭何、曹參、樊噲更是劉邦的親戚。他們在楚漢戰爭中勞苦功高，最終幫助劉邦建立了西漢王朝。

劉邦能夠成就自己的帝王之業，離不開他人的扶持。不僅帝王將相需要借他人之力，就是平民百姓也離不開朋友。人在生活中難免會遇到一些溝溝坎坎，大事小情，自然需要他人的幫助。這就是劉邦善於利用他的人情網。

對待人情必須把握分寸，把握輕重。如果處理不當，我們即便給別人施情，別人也不會接受；我們向別人求情，別人也不會幫助我們，更何況世上還有很多勢利之徒，他們對待人情更是「看人下菜」，「人在人情在，人走茶就涼」、「樹倒猢猻散」，於是有人慨歎「人情有冷暖，世態有炎涼」。人情必須建立在彼此需要的基礎上，而且利用人情也要講究分寸，失了分寸，人情會愈做愈小，路子會越走越窄；得了分寸，人情會愈做愈大，路子會愈走愈寬。所以，如何對待人情是每個人都應該把握的大學問。

「努力＋實力＋社會關係＝成功」，這是成功人生的一條重要法則，你可以優秀，可以成功，更可以建立和諧的人情網，以在這個社會如魚得水。一切皆有可能，只要你依照以下三句格言來建構你的人情網：

第一句話：我錯了。

有個人的狗在公園肆意亂竄，遭到管理員的訓斥。很長時間後，那人又放開了自己的狗，再次被管理員看見了。他立刻笑著說：「我錯了，很抱歉，您就處理吧！」這麼一說，那位管理員的口氣反倒平和了下來：「這地方空曠，也難怪你會讓牠自由一下。」

你知道管理員爲什麼會原諒他嗎？不錯，正是因爲那個人坦白認錯。有錯就改是一個再簡單不過的道理，多數人卻不肯這麼做。這可能和人的天性有關，人們似乎總在努力捍衛自己的觀點和行爲，不經意中把「我的」等同於「對的」，「正確的」。事實上，我們每個人都不完美，每個人都會犯錯誤。要解決一種狀況，除了坦白承認錯誤，沒有更好的辦法。

如果你勇敢地說「我錯了」，你會發現，你的錯誤得到體諒，許多棘手的問題都變得可以解凍、改善或化解，你的心胸也豁然開朗。

而在你的工作生涯中，誠實認錯有如下好處：爲自己塑造了勇於擔當責任的形象，主管與同事都會欣賞、接受你的作爲。因爲你把責任扛了下來，不會諉過於他們，他們感到放心，自然尊敬你，也樂於跟你合作，更樂於向你學習。

第二句話：你的工作做得很好。

這句話代表的精神，肯定他人的成績，慷慨地稱讚別人。有一個稍微有些誇張的小故事：

有個農婦辛苦勞累了一天，還要爲幹活的幾個男人準備晚餐，這項工作她做了十多年了，可是那些享用她的美食的男人從來不吭聲。於是有一天，她爲他們準備了一大堆乾草當晚餐。

男人們憤怒地責問她時，農婦答道：「嘿，我怎麼知道你們會在意呢？我做了十年的飯給你們吃，你們從不吭聲，也從沒告訴我你們並不吃乾草啊！」

威廉·詹姆斯說：「人類本質最殷切的需求是渴望被肯定。」

既然尊重他人，滿足對方的自我成就感是人類行爲的重要法則。你就要遵守它。違反它，只會讓你陷入無止境的挫折中。

肯定和恭維能讓人心情愉快，也有助於說服別人，還能樹立人的自尊心，在可能的情況下，甚至能激發對方無盡的潛力，改變人的一生。學會讚賞別人，受益的也是自己，你會贏得不少朋友，讓人感到容易接受，別人會更多地幫助你，你會成爲一個越來越寬容的人、開朗的人，個性也會日臻完善。

第三句話：你的意見是什麼？

知道怎樣聽別人的話，以及怎樣讓他開啓心扉談話，是我們制勝的唯一法寶。

喬·庫爾曼在二十歲時就已經成爲美國薪水最高的推銷員之一。他在二十五年中銷售了四萬份壽險，平均每天五份。

除了吃苦耐勞和能說會道，庫爾曼有一個重要的經驗，那就是學會說：「您是怎麼開始您的事業的？」

僅此一句話，就消除了人們對推銷員的戒備心。每個人都有談論自己的欲望，都希望講述自己的想法、經歷、理想，甚至委屈、悲傷，得到他人的理解和尊重。傾聽本身是褒獎對方的一種方式。

耐心傾聽，等於告訴說話的人：「你是一個值得我傾聽的人。」在提高對方自尊心的同時加深了他對你的好感和信任，有利於社會交往。

一個人只有對別人感興趣，別人才會對他感興趣。只有弄清楚對方的觀點，才能找到合適的應對措施。這好比釣魚，要想使魚上鉤，必須找到適合魚餌。傾聽的過程就是尋找魚餌的過程。如果我們試著這樣做，我們會很清楚地得知別人對人生的態度——即什麼是對方生活中最重要的事，什麼是對方所思所想，只要凝神傾聽就好了，讓別人告訴你什麼對他最重要，然後才好對症下藥。

以上三句話，包含了建立和諧人情網的三個法則——承認自己的錯誤，讚揚別人的成績，詢問別人的意見。雖然簡單，卻是行之有效的社交法則。學好這三句話，你將在提高社會交流技巧的過程中積實力，獲得樂趣，離優秀、成功越來越近。

作為社會的一份子，我們在平時就要做好「人情」的功課。只有這樣，我們才能掃除自己在個人的發展中的障礙，贏得更多的機會，才能在為人處世中遊刃有餘。

沒有好人緣等於把自己逼入「死胡同」

社會學家說，我們正在步入陌生人的社會，告別農耕時代村舍之間的雞犬相聞，在人潮湧動的現代都市，好人緣不僅僅意味著成功的機會，更代表著豐盈的人生。

對於一個社會人而言，沒有好人緣，就等於把自己逼近了死胡同。

好人緣是一個人安身立命的支撐點。一個人的能力是有限的，必須依靠別人的幫助才能成就事業。

盧梭曾說過：「人類的脆弱使我們進入社交圈；共同的不幸，使我們的心互相聚結在一起。」

擁有好人緣，你盡可以實現人生設計中的多種構想；沒有好人緣，則到處受挫，寸步難行。一些很有才能的人，就是因為他們沒有能夠與人們建立良好的人際關係而失敗，有些人性情古怪，脾氣暴躁，別人與之難以溝通，事業上的艱難沒有阻擋他，卻被自己糟糕的人際關係影響了前程。

在現代社會，與世隔絕，獨處一室是非常不切實際的做法，好人緣就像是一盞燈，在人生的山窮水盡處，指引給你柳暗花明的又一村繁華。創造完美的人生就從鋪好你的好人緣開始……

小齊在一家公司做一名管理人員。在公司產品遭遇退貨、賠款瀕臨倒閉，公司高層們急得團團轉而又束手無策時，小齊站了出來，提供了一份調查報告，找出了問題的癥結。

此舉不僅一下子解決了公司的難題，還為公司賺了幾百萬。

因工作出色，小齊深受老總的重視，不久就成為全公司的一顆明星。憑著自己的智慧和膽略，他又為公司的產品打開國內市場，立下了汗馬功勞，兩年時間內爲公司賺回幾千萬利潤，成爲公司舉足輕重的人物。

小齊躊躇滿志，以爲銷售部經理一職非他莫屬。然而，他沒有被提職。本來公司董事會要提拔他爲公司主管銷售的副總經理，卻由於在提名時遭到人事部門的強烈反對而作罷，理由是各部門對他的負面反應太大，比如不懂人情世故，不和同事交往，驕傲自大……讓這樣一個不懂人際關係的人進入公司的決策層顯然不太適宜。

銷售部經理一職由別人擔任了，他只好拱手交出自己創建、自己培養成熟的國內市場。這就好比自己親手種下的果樹上所結的果子被別人摘走一樣，令他非常痛苦和不解。

他不明白，公司怎麼能這樣對待自己呢？自己到底錯在哪裡？後來，還是一個同情他的朋友爲他解除了迷惑。

那一次，他出去爲公司辦理業務，需要一批匯款，在緊要關頭卻遲遲不見公司的匯票，業務活動「泡湯」，令他很難堪。實際上是一個出納員給他找麻煩，因爲，平時他對這個出納不巴結、不獻媚、不送小禮品，也就是說沒有把她放在眼裡。

還有一次他在外辦事，需要公司派人來協助，卻不料人還沒有到，馬上又把人撤回來了。原來是一些資格較老的人覺得他很「狂妄」、「目中無人」，在工作上從不與他們溝通交流……所以想盡辦法拖他的後腿，讓他的工作無法展開。

儘管小齊工作業績輝煌，但他忽視了人際關係的重要性。那些他不熟悉的、不放在眼裡的人，在關鍵時刻壞了他的大事，阻礙他在公司的發展和成功。在無可奈何的情況下，他只好傷心地離開了公司。

許多傑出的人士，之所以被能力不如自己的擊垮就是因爲沒有經營好自己的人際關係，被一些非能力因素打敗。可見，沒有一個好人緣、不能編織起一個良好人際關係網無異於自毀前程，把自己逼入死胡同。

好人緣是一個人的巨大財富。有了它，事業上會順利，生活上會如意。

但它不會從天上掉下來，而是需要你的辛勤努力。

曾有一位記者採訪了鋼鐵大王安德魯．卡內基，問他獲得財富，獲得成功的要訣。安德魯．卡內基沒有正面回答這位記者的提問，而是向他列舉了許多工商界知名成功人士，簡述了他們的個人奮鬥歷程，並善意地告誡這位記者，不要固執地向億萬富翁追問獲得金錢的竅門，這是不實際的。這個竅門就在他所提供的事例之中，要透過分析和總結才能獲得。

這位記者就安德魯．卡內基所提供的資料進行了分析，驚訝地發現，在所有這些成功的人的周圍，都集結了一批才幹優秀、能獨當一面的精英人物；在許多重要關頭，是這些人物協助他們的老闆確認了方向，走出了泥潭，取得了成功。幾乎沒有一個人是完全憑個人智慧和力量在工商界抑或政界打下江山。

正如安德魯．卡內基的名言：「不是我本人有什麼超常的智慧和能力。我只不過比較善於團結在某些方面比我更能幹的人爲我工作而已。」

這位記者由此而找到了成功者的祕訣：善於團結傑出人才爲自己辦事。

中國有句俗語：「一扇籬笆三根樁，一個好漢三個幫。」搞活人脈，就能爲自己的成功鋪路。卡內基的成功就在於他善於與優秀人士搞活關係，讓他們爲自己工作，他用優秀的人脈爲自己鋪了一條寬廣的成功之路。有了他人的幫助，你的成功路上會減少很多阻礙。

那麼，如何開拓成功的人際網路呢？首先，要從建立自我形象開始，你必須讓自己充滿自信、活力，使人樂於和你親近。

・自信地表達

受壓抑的人說話聲明顯的細小，表現得自信心不足。自信地表達，儘量提高你的音量，但不必對別人大聲喊叫或使用憤怒的聲調，這樣別人才能注意到你。

・同頻共振

俗語說：「兩人一般心，有錢堪買金；一人一般心，無錢堪買針。」

聲學中也有此規律，叫「同頻共振」，就是指一處聲波在遇到另一處頻率相同的聲波時，會發出更強的聲波振盪，而遇到頻率不同的聲波則不然。人與人之間，如果能主動尋找共鳴點，使自己的「固有頻率」與別人的「固有頻率」相一致，就能夠使人們之間增進友誼，結成朋友，發生「同頻共振」。

在某學校裡，秦紅和蘇儀是一對要好的朋友。她們經常穿相近的服裝，經常一起去散步，經常一塊去打球……可以說倆人形影不離，同吃同住，保持默契，相互支持；誇張地說，倆人是同甘共苦，「同頻共振」。這些，不僅是兩人爲一對要好朋友的表像，而且也是兩人成爲要好朋友的原因。

共鳴點有哪些呢？比如說：別人的正確觀點和行動、有益身心健康的興趣愛好，等等，都可以成爲你取得友誼的共鳴點、支撐點，爲此，你應回應，你應溝通，以便取得協調一致。當別人飛黃騰達、一帆風順時，你應爲其歡呼，爲其喜悅；當別人遇到困難、不幸時，你應把別人的困難、不幸當作你自己的困難和不幸……這些就是「同頻共振」的應有之義。

・讓你的微笑成為招牌

在培養吸引人的個性時，千萬別小看經常保持誠摯微笑的重要性，這種微笑的習慣，對你自己的影響也是很大的，當你生氣時試著保持微笑，這個簡單的動作，可使人保持冷靜，而且還能提醒你時時不忘保持積極的心態。

・心存感激

生活中，人與人的關係最是微妙不過，對於別人的好意或幫助，如果你感受不到，或者冷漠處之，因此生出種種怨恨來則是可能的。

經常想一想吧：你在工作中覺得輕鬆了，說不定有人在為你負重；你在享受生活賜予的甜蜜時，說不定有人在爲你付出辛勞……生活在社會大群體裡的你我，總會有人爲你擔心，替你著想。常存一份感激之心，就會使人際關係更加和諧。情感的紐帶因爲有了感激，才會更加堅韌；友誼之樹必須靠感激來滋養，才會枝繁葉茂。

・向他人說出你的讚揚

你不妨每天至少誇獎三個人，如果喜歡某人的行事風格、衣著打扮或舉止言談，你就讓他知道。好的人際關係，來自於用善待他人的方式，贏得別人的信任和喜愛。

林肯說過：「每個人都喜歡讚美。」

讚美之所以得其殊遇，一在於其「美」字，表明被讚美者有卓然不凡的地方；二在於其「讚」字，表明讚美者友好、熱情的待人態度。

人類行爲學家約翰．杜威也說：「人類本質裡最深遠的驅策力就是希望具有重要性，希望被讚美。」

因此，對於他人的成績與進步，要肯定，要讚揚，要鼓勵。當別人有值得褒獎之處，你應毫不吝嗇地給予誠摯的讚許，以使得人們的交往變得和諧而溫馨。

歷史上，大衛和法拉第的合作是一個典範。雖然有一段時間，法拉第的突出成就引起大衛的嫉妒，但其二人的友誼仍被世人所稱道。這份情緣的取得少不了法拉第對大衛的真誠讚美這個原因。

法拉第未和大衛相識前，就給大衛寫信：「大衛先生，您的演講真好，我簡直聽得入迷了，我熱愛化學，我想拜您爲師……」

收到信後，大衛便約見了法拉第。

後來，法拉第成了近代電磁學的奠基人，名滿歐洲，他也總忘不了大衛，說：「是他把我領進科學殿堂大門的！」

可以說，讚美是友誼的源泉，是一種理想的黏合劑，它不但會把老相識、老朋友團結得更加緊密，而且可以把互不相識的人連在一起。

任何人只要一跨入社會都應該學會待人接物、結交朋友的方法，以便互相提攜、互相促進、互相借重。不論你多麼有才華、有能力，單槍匹馬是難以獲得成功的。假若要創造輝煌，就必須懂得開拓、協調自己的人際關係網路，如此，你的人緣就會越來越好。

・誠懇道歉

有時候，一不小心，可能會碰碎別人心愛的花瓶；自己欠考慮，可能會誤解別人的好意；自己一句無意的話，可能會大大傷害別人的心……

如果你不小心得罪了別人，就應真誠地道歉。這樣不僅可以彌補過失、化解矛盾，而且還能促進雙方心理上的溝通，緩解彼此的關係。英國首相邱吉爾起初對美國總統杜魯門印象很壞，但是他後來告訴杜魯門，說以前低估了他，這是以讚許的方式表示道歉。

我們切不可把道歉當成恥辱，那樣將有可能使你失去一位朋友。當然，一個人要想保持良好的人緣，最好是儘量減少自己的過失。

窮困潦倒的英雄，是常有的事，但只要懂得利用人脈的投資，就能一飛沖天，一鳴驚人。

人是高級的感情動物，註定要在群體中生活，而組成群體的人又處在各種不同的階層和具有屬性，適當時進行感情投資，有利於在社會上建立一個好人緣，只有人緣好，才能有一個好的形象，你的人際交往才能如魚得水，沒人緣的人自然會常常陷入進退兩難的境地。

不要忘記曾經幫助過你的人

當你登上人生的某座山峰，盡情享受成功的喜悅時，千萬不要忘了那些在路上曾經給你端上一碗水、遞過一個麵包、上坡時伸手拉過你一把的人。

在你受過他人的幫助後，不要忘記還情，不要就此中斷與其的聯繫。或許在經過一段時間後，你們的情誼會變得深厚，這種經過無私奉獻得來的友情更加珍貴，它會在你意想不到的時刻幫你渡過難關。

一位生活非常貧困的男孩爲了積存學費，一家一戶地推銷自己的商品。但是，他的推銷很不順利，到傍晚時他非常地疲憊，飢餓難耐，他絕望地想放棄這一切。正當他走投無路的那一刻，他敲開了一扇門，希望主人能給他一杯水解解渴。

開門的是一位漂亮而美麗的女子，她微笑著給了這個男孩一杯濃濃的熱牛奶。男孩兒感動得流著眼淚把它喝了下去，從此以後，他對人生再次鼓起了勇氣。

許多年後，他成了一位著名的外科大夫。一天，一位病情嚴重的婦女被轉到了這位著名的外科大夫所在的醫院。大夫順利地爲婦女做完手術，救了她的命。無意之中，大夫發現那位婦女正是在多年前他饑寒交迫時給過他那杯熱牛奶的美麗女子！這次，他一定要爲她做點什麼。

那位婦女一直都在爲昂貴的手術費發愁，她硬著頭皮非要辦理出院手續不可，令她沒有想到的是，她在手術費用單子上面看到七個字：手術費：一杯牛奶。那位昔日美麗的年輕女子恍然大悟，似乎想起了許多年前那個小男孩，熱淚在她的眼眶中轉動。

請記住人生歷程中曾經幫助過你的人，也記住生活給予你的每一縷善意的微笑，或者每一份源於心底的感動。用一顆感恩的心，去對待別人及這個世界，你將會發現生活中因有了感恩而多了歡笑、快樂、真誠，而少了虛僞、欺騙、傷害……這樣樂觀而快樂的人，自然會讓人喜歡了！

不忘記幫助過自己的人是一種美德，一種更高的境界，是值得你用一輩子等待的一次非常寶貴的機遇，是值得你用一輩子去完成的一次世紀壯舉，是值得你用一輩子去珍視的一次愛的教育。它不是爲求得心理平衡的片刻所答謝的，而是發自內心的無言的永恆回報。它不但讓我們的生活充滿了熱烈的陽光，而且感恩的過程中能幫助我們擴大人情，編織我們的人脈網有積極的意義。

人生的道路上一定遇上幫助過自己的人，當你身處逆境和低谷時，一個人、一句話也許改變了你的人生軌跡，每當回首往事，一定心存感激，心潮澎湃。很多時候，驀然回首，彷佛已把昨天的事有些淡忘，尤其是對那些曾經幫助過我們的人、長輩、朋友。一個人在社會上生活，離不開別人的幫助，但也要盡自己所能去幫助別人。

「烏鴉反哺羊羔跪乳」，更況人乎，點水之恩，當以湧泉相報，也許我們的能力達不到湧泉相報，但至少回報一顆真誠地心啊！

古人云：「千里馬常有，而伯樂不常有。」

縱然你滿腹經綸，才華橫溢，學富五車，沒有人發現你，沒有人給你提供施展才華的平臺，那也將一事無成。一顆再優良的種子，如果找不到適宜的土壤也會失去生命力的。

對於那些曾經幫助過你的人，禮物不在輕重，重在常懷一顆感恩的心。

正像老人所說的：「不要忘恩負義。」

不要隨著某人地位及身份的改變而改變對他的態度，抽時間看望看望，打個電話問候一下，做一些力所能及的事。有一顆感恩的心，感恩社會，感恩父母，感恩我們身邊的每一個人，因爲他們給了我們生存的勇氣和奮鬥的力量。

感恩的心，感謝有你，伴我一生讓我有勇氣做我自己。感恩的心，感謝命運，花開花落我一樣會珍惜。不要忘記那些曾經幫助過你的人，但要忘記那些傷害過你的人。

給

他人幫助是好事，但不要過於追求回報

生活中經常有這樣的人，幫了別人的忙，就覺得有恩於人，盡懷一種優越感，高高在上，不可一世。

這種態度是很危險的，就不是圓融為人之道，常常會引發反面的後果，也就是幫了別人的忙，卻沒有增加自己人情帳戶的收入，正是因為這種驕傲的態度，把這筆帳抵消了。

有沒有誰問過自己：我們幫助別人的目的是什麼，難道就是爲了讓人家有一天報答我們嗎？當然不！我們的目的應該就是爲了「讓人家得到幫助」，並因爲這些我們力所能及的幫助，最終擺脫窘境。倘若此時我們心底還在奢求

什麼回報，豈不是對「幫助」的一種褻瀆。

在幫助別人的時候，遇到一個能爲自己考慮的人，就要義無反顧。如果對方也是一個能爲別人考慮的人，你爲他幫忙的種種好處，絕不會像打出去的子彈似的一去不回，他一定會用別的方式來回報你。對於這種知恩圖報的人，應該經常給他些幫助。

有一個這樣的故事：

二戰時德國人對猶太人趕盡殺絕。在某城市，有個富裕的家庭他們都是猶太人，他們必須逃走。

在逃走前一天，他們開了一次家庭會議，小兒子覺得去找銀行家，銀行家一直受他們家的幫助，並且曾在公共場合對著記者說只要他們有難，他一定會鼎力相助。父親覺得去找城裡的另一個富商比較好，以前富商幫助過他們家很多次，多年來一直有往來。

後來大家一致決定去找富商。在第二天早上兩兄弟出門了，準備前往富商的家的路上，半途中，小兒子改變主意去找了銀行家……後來他們一家只有大兒子逃過了這次災難。

多年後，德國不再對猶太人殘害，大兒子回到了德國，是以海外成功人士身份回去，在一次演講中他說：「如果你做了好事，就不要強求得到回報，會給予你幫助的是那些一直沒有放棄幫助過你的人。」

直到現在他才知道，當年是銀行家打電話舉報的，說家裡闖入一個猶太人，小弟當場被抓，家人隨後都被抓了。

當你做好事的時候就不要強求得到回報。幫助別人是一種利他行爲，也是一種優秀品質。幫在先，回報與否是自然的結果。

人際往來，幫忙是互相的，且不可像做生意一樣赤裸裸地一口一個「有事嗎」、「你幫了我的忙，下次我一定幫你」。忽視了感情的交流，會讓人興味索然，彼此的交情也維持不了多長時間。

要講究自自然然，不故意「打埋伏」，以免被別人想：「和他做朋友，如果沒用處，肯定會被一腳踢開！」

俗話說：「善有善報。」

只要是助人爲樂的善舉，無論大小都會給我們的內心帶來平和與安定，心情愉悅了、豁然開朗了，才是對自己助人最大的回報。

張澎的性格有些孤僻，讀大學的時候既不跟大夥一起打籃球，也不跟室友一起下館子，屬於很不顯眼的那種類型，但據說他的老婆就是因爲他身上總是散發著一種特殊的氣質，才答應嫁給他的。

是一種什麼氣質呢？在上課之餘，張澎會定時地出現在學校各個角落：自習室、圖書館、飯堂、宿舍樓傳達室，等等，但與勤工儉學的人不同，張澎是在義務地幫忙。

他總是在做完實驗後刷乾淨所有的儀器才離開，他總是默默地在圖書館將那些被翻亂的書籍一一放回原位，看到食堂大叔拌菜他會上前幫忙，看到傳達室阿姨分信件他也會主動幫忙跑腿。

當別人問他這是圖什麼的時候，張澎笑笑說：「反正就是舉手之勞的事，人家得方便，我也不吃虧呀。」

每次幫助完別人，張澎的臉上總是掛著笑，在他看來，自己所做的都是力所能及的小事罷了，根本不值得一提，可是誰知自己的老婆就這樣慕名而來了。張澎積極致力於幫助他人，自己卻並不要求回報，正是這種精神使得他贏得了女孩的芳心。

他說：「我是發自內心地想幫助這些有困難的人，很多事情我也經歷過；所以能瞭解，只希望盡自己一份微薄之力，爲他人排解一些難題，這太平常了。」

你是否還在爲自己曾經給予別人幫助後，沒得到任何回報而抱怨不止？你是否還在爲曾經費盡心機，最後卻連一個「謝」字都沒得到而耿耿於懷？其實，在日常生活中，我們會遇到很多諸如「做了好事卻沒有回報」的實例。然而，在做好事之前，我們是不是就應該想到，自己是爲了幫助別人而做好事呢，還是爲了他人的回報而做好事。

倘若我們僅僅是爲了得到回報或是那一句讚美、感激的話才去做好事，倘若我們太在乎別人的報答，功利之心太重，不但扭曲了付出的本意，也使關愛變了質，一旦得不到想要的回報，我們的心裡就會結下疙瘩，嚴重的還會失去快樂，使自己付出更大的代價。

事情無論大小，不求回報地幫助別人，就是付出的最高境界。河水攔住了人們回家的路，我們架起一座橋，看著行人帶著微笑安全過河就是回報，何必要在乎是否有讚歎的聲音，何必去在意橋頭是否立下了稱頌的碑文呢？風沙肆虐，原野淒涼，我們栽起一片樹木，爲世界增添一份蔥蘢就是回報，何必硬要讓樹下談笑的人們念念不忘呢？

看到有人拉車上坡，我們只需付出「一臂之力」就能幫他減輕很多負擔，何必計較多少年後，這一美好瞬間是否仍能在人們中間傳頌；坐公車時，隨意給上來的老人讓個座位，舉手之勞，又何必硬要等人家對自己說「謝謝」才滿意……

說是我們「不求回報」，其實生活「自有回報」。當接受幫助的人們望著我們的背影，豎起大拇指的時候；當他們多少年後回憶起我們，內心萌生敬佩的時候；當我們遇到困難，人們給予默默支持和鼓勵的時候……其實都是我們之前的付出所換來的「回報」。

我們不知道前面的路會怎樣，也不知道將來的歲月裡會發生什麼，所以，在平常日子裡，在點滴小事上，平凡的我們一定要不時提醒自己：助人為樂，不求回報又何妨？

雪中送炭，擴大感情投資的性價比

錦上添花易，雪中送炭難。真正懂得博弈智慧的人都明白：成功的訣竅之一就是要少一些錦上添花，多一些雪中送炭。多結識一些「困龍」，他們將成為你生活中忠實的朋友，事業上得力的助手。

社會生活需要感情投資，這個道理很多人都明白，但是如何進行感情投資卻沒有多少人清楚。其實，感情投資的最佳策略就是雪中送炭，如果你真想獲得別人的青睞，拋棄勢利，在別人最困難的時候，幫別人一把，不僅能收穫感謝，也能擴大感情投資的性價比。

錢鍾書先生一生日子過得比較平和，但困居上海寫《圍城》的時候，也窘迫過一陣。辭退保姆後，由夫人楊絳操持家務，所謂「卷袖圍裙爲口忙」。那時他的學術文稿沒人買，於是他寫小說的動機裡就多少摻進了賺錢養家的成分。一天五百字的精工細作，卻又絕對不是商業性的寫作速度。恰巧這時黃佐臨導演排演了楊絳的四幕喜劇《稱心如意》和五幕喜劇《弄假成真》，並及時支付了酬金，才使錢家渡過了難關。

時隔多年，黃佐臨導演之女黃蜀芹之所以獨得錢鍾書親允，開拍電視連續劇《圍城》，實因她懷揣老爸一封親筆信的緣故。錢鍾書是個別人爲他做了事他一輩子都記著的人，黃佐臨四十多年前的義助，錢鍾書多年後還報。

人生遇到坎坷是難免的，如果你在別人極其困難之時施以援手，對他來說無異於雪中送炭，他會牢記你的恩情並加倍報答你。而在別人功成名就之時去錦上添花，則不會被人重視，或許還會落個攀附之名。

「患難之交才是真朋友」，這話大家都不陌生，有時候不用很費力地幫助別人一把，別人也會牢記在心，投之以桃，報之以李。所以要落人情，便應洞察此中三味。

江偉和張允是分公司經理的兩個熱門人選，這兩個人私底下的較勁也非常激烈，因爲分公司經理不僅薪資福利優厚，更重要的是有獨當一面的機會。

在江偉與張允這兩個熱門人選中，大家更看好張允，除了張允的風度、專業水準超出江偉很多外，他還是集團總裁提拔的人。反觀江偉，雖是上任退休總裁的愛將，而退休總裁在公司集團裡仍有若干影響力，且與現任總裁關係不錯，但退休的總裁，不管怎麼樣，總是退休了，所以大家認爲分公司經理的人選，必定是張允。

不過，就在決定人選即將公佈的前一個週末，集團總裁去看望退休的老總裁，赫然發現江偉正陪老總裁爬山回來。

這位集團現任總裁在與老總裁請教之際，聽到老長官說：「唉！當初拉江偉一把還是對的，這個年輕人講情分、重義氣，想當初受我提拔升官的人不知有多少，但現在只有江偉記得我，老是給我帶這個、帶那個的，週末有空還陪我爬爬山。」

這句話言者無意，但聽在這位現任總裁心裡，就另有一番感受。雖說張允的確是個人才，才氣恐怕也不在自己之下，但難保有一天不會取代自己的位置。再說，自己有一天也會退休，聰明的張允，絕不會像江偉對待老上司這樣對待自己，因此，倒不如提拔懂得感恩圖報的人。

分公司經理人選公佈了，結果竟然是不被看好的江偉。

爲什麼江偉能勝出呢？江偉經常看望老總裁，而退位者都怕人走茶涼後的冷清，因此，他的行爲讓現任總裁動了心。

人情就像你在銀行裡的存款，存得越多、越久，利息便越多。我們平時送人情時，一定要把人情做足，要想朋友之所想，急朋友之所急，在他最困難、最需要幫助的時候，給朋友一個人情，那這份人情的分量就會更大。

在《水滸傳》中，有這樣精彩的一幕：

話說宋江殺了閻婆惜後，逃到柴進莊上避難，碰上了武松。當時武松因在故鄉清河縣誤以爲自己傷人致死已躲在柴進莊上。但因爲武松脾氣不太好，得罪了柴進的莊客，所以柴進也不是十分喜歡他。

《水滸傳》上說：「柴進因何不喜武松？原來武松初來投奔柴進時，也一般接納管待；次後在莊上，但吃醉了酒，性氣剛烈，莊客有些顧管不到處，他便要下拳打他們，因此滿莊裡莊客，沒一個道他好。眾人只是嫌他，都去柴進面前，告訴他許多不是處。柴進雖然不趕他，只是相待得他慢了。」

所以，武松在柴進的莊上一直被大家孤立，找不到一個可以交心的朋友，只能一個人天天喝悶酒。

宋江知道到武松是個英雄，日後定可爲自己幫忙，因此，他到了柴進莊上一見到武松馬上拉著武松去喝酒，似乎親人相逢，看武松的衣服舊了，馬上就拿錢出來給武松做衣服（後來錢還是柴進出的，但好人卻是宋江做的）。而後「卻得宋江每日帶挈他一處，飲酒相陪」，這飲酒的花費自然還是柴進開銷。

臨分別時，宋江一直送了六七里路，並擺酒送行，還拿出十兩銀子給武松做路費，而後一直目送武松遠離。正因爲這樣，武松一直對宋江忠心耿耿，爲宋江出生入死。

宋江所費之錢可以說是小成本，他不過花了十兩銀子和餞行的一頓飯，卻讓英雄蓋世的武松對他感恩戴德。而柴大官人庇護了武松整整一年，就算後來有所怠慢，也不會少他吃喝用度的，在武松身上的花費豈止區區十兩銀子。相對於宋江而言，柴大官人真是得不償失。

這位宋大哥在武松心目中的分量恐怕要遠遠超過柴大官人。爲什麼柴進名滿江湖、出身高貴，卻成不了老大，而宋江卻可以？因爲宋江更懂得如何透過雪中送炭而收買人心。

然而，在現實生活中，人們往往熱衷於錦上添花，而不屑於雪中送炭。好像能與事業有成的人締結關係，便可以巧妙地利用對方那股氣勢。這是理所當然的心理，然而在這種情況下交上的朋友，通常無法培育出可靠的人際關係。

對萬事順利、春風得意的人，人人都想與他結識，都想與他交上朋友。一方面他顧不過來，另一方面他也無法與巴結他的人成爲真正的朋友。反之，如果與那些暫不得勢的人交往，並成爲好朋友，那就可能完全不同了。

在他們處於困境中的時候，我們能不打折扣的給予幫助，有朝一日，他們飛黃騰達了，就會第一個要還你人情。那是找他們幫忙，他們便會毫不猶豫。

當然，我們說要雪中送炭，並不是說逢人便送，遇人則結，而是「放出眼光，擇其有資望者，或將來必有騰達高就者」。如果你認定某個不得勢的人將來必定是個成功人物，只是暫時的不得勢，將來會大有作爲，那你就該多多交往。

或者趁機進以忠言，指出他失敗的原因，激勵他改過向上。如果自己有能力，更應給予適當的協助，甚至給予物質上的救濟。而物質上的救濟，不要等他開口，要採取主動。有時對方很急著要，又不肯對你明言，或故意表示無此急需。

你如果得知此情形，更應盡力幫忙，並且不能有絲毫得意的樣子。一面使他感到受之有愧，一面又使他有知己之感。日後如有所需，他必全力回報。

人情需要經營，雪中送炭，是做人情最起碼的常識。我們內心都有一些需求，有緊迫的，有不重要的，而我們在急需的時候遇到別人的幫助，則內心感激不盡，甚至終生不忘。

瀕臨餓死時送一隻蘿蔔和富貴時送一座金山，就內心感受來說，完全不一樣。

扭轉命運：改變人生，只要做對這32件事 （讀品讀者回函卡）

■ 謝謝您購買本書，請詳細填寫本卡各欄後寄回，我們每月將抽選一百名回函讀者寄出精美禮物，並享有生日當月購書優惠！
想知道更多更即時的消息，請搜尋"永續圖書粉絲團"

■ 您也可以使用傳真或是掃描圖檔寄回公司信箱，謝謝。
傳真電話：（02）8647-3660　信箱：yungjiuh@ms45.hinet.net

◆ 姓名：　□男　□女　□單身　□已婚
◆ 生日：　□非會員　□已是會員
◆ E-Mail：　電話：（ ）
◆ 地址：
◆ 學歷：□高中及以下　□專科或大學　□研究所以上　□其他
◆ 職業：□學生　□資訊　□製造　□行銷　□服務　□金融
□傳播　□公教　□軍警　□自由　□家管　□其他
◆ 閱讀嗜好：□兩性　□心理　□勵志　□傳記　□文學　□健康
□財經　□企管　□行銷　□休閒　□小說　□其他
◆ 您平均一年購書：□ 5本以下　□ 6～10本　□ 11～20本
□ 21～30本以下　□ 30本以上

◆ 購買此書的金額：
◆ 購自：　市(縣)
□連鎖書店　□一般書局　□量販店　□超商　□書展
□郵購　□網路訂購　□其他
◆ 您購買此書的原因：□書名　□作者　□內容　□封面
□版面設計　□其他
◆ 建議改進：□內容　□封面　□版面設計　□其他
您的建議：

剪下後傳真、掃描或寄回至「22103新北市汐止區大同路三段194號9樓之1讀品文化收」

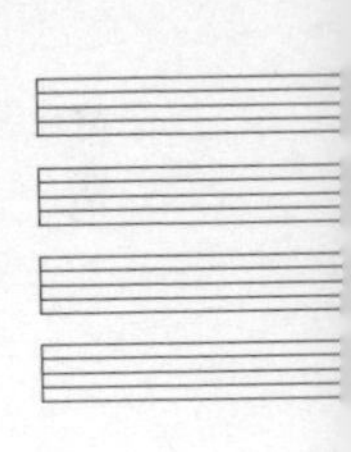

廣 告 回 信
基隆郵局登記證
基隆廣字第 55 號

2 2 1-0 3

新北市汐止區大同路三段 194 號 9 樓之 1

讀品文化事業有限公司　收

電話/(02)8647-3663　傳真/(02)8647-3660

劃撥帳號/18669219　永續圖書有限公司

請沿此虛線對折免貼郵票或以傳真、掃描方式寄回本公司，謝謝！

讀好書品嘗人生的美味

扭轉命運：改變人生，只要做對這32件事